Reihe Doppelstunde Sport

Herausgegeben von
Stefan König

Für Joachim Deckarm

Videos online

Reihe Doppelstunde Sport

Doppelstunde Handball

Stefan König · Andi Husz

Unterrichtseinheiten und Stundenbeispiele für Schule und Verein

3. Auflage

11

hofmann.

Bibliografische Information der Deutschen Nationalbibliothek
Die Deutsche Nationalbibliothek verzeichnet diese Publikation in der Deutschen Nationalbibliografie; detaillierte bibliografische Daten sind im Internet über http://dnb.d-nb.de abrufbar.

Kostenlose **Videos**

finden Sie unter

www.sportfachbuch.de/m/1DFDAB

Bestellnummer 0613

3. Auflage 2022

www.hofmann-verlag.de

Erschienen als Band 11 der „Reihe Doppelstunde Sport"

Illustrationen: Miriam Unterbusch

Druck: Druck- und Kalender-Marketing Sosset GmbH, Kißlegg

Printed in Germany · ISBN 978-3-7780-0613-9

Inhaltsverzeichnis

Vorwort des Herausgebers

Wieder einmal ist es meine Aufgabe als Herausgeber der **Doppelstunde Sport** ein Vorwort zu schreiben; doch dieses Mal ist es etwas Besonderes: Es ist die dritte Auflage **Doppelstunde Handball**, es ist „meine“ Sportart und das Buch hat sogar die laufende Nummer 11 in der Reihe, die Trikotnummer, die ich als Spieler immer getragen habe. Insofern haben wir, Verlag, Autoren und Herausgeber, anscheinend in weiser Voraussicht geplant.
Natürlich hatte dies einen Grund und wer das Buch von Anfang an aufmerksam angeschaut hat, kennt ihn auch bereits: In meiner aktiven Zeit als Handballspieler gab es in der Bundesliga den meiner Meinung nach weltbesten Spieler, der ebenfalls immer mit der Nr. 11 auflief; sein Name ist Joachim Deckarm, sein Verein war der VfL Gummersbach. Joachim Deckarm hat wie nur wenige andere die Herzen der Handballfans erobert, bis ihn am 30. März 1979 um 17.23 Uhr ein folgenschwerer Sturz für 131 Tage ins Koma fallen ließ und er sich nie von diesen schweren Verletzungen erholt hat. Joachim Deckarm sitzt heute im Rollstuhl, aber er hat gelernt zu kämpfen und sich sein Leben durch eisernes Training zurückzuholen. Bei diesem nicht immer einfachen Weg helfen ihm heute noch zwei Dinge bzw. Personen, die für den Handballsport typisch sind:

- Regelmäßiges und intensives Training, mehrmals die Woche, mit immer wieder neuen und veränderten Anforderungen

und

- ein Team, seine ehemaligen Weltmeisterkameraden von 1978, die ihm regelmäßig zeigen, was Mannschaftssport heißt: Zusammenhalt, Teamgeist und Kameradschaft.

Ich habe Joachim Deckarm schon damals als Spieler bewundert und weiß heute noch, wie ich als 17-Jähriger mein erstes Autogramm von ihm geholt habe. Heute kenne ich ihn persönlich und bewundere ihn als einen Menschen, der jeden Tag aufs Neue die Herausforderungen seines Lebens meistert.
Der **Doppelstunde Handball** wünsche ich deshalb, dass sie im Sinne Joachim Deckarms dazu beiträgt, diese schöne und attraktive Sportart als Inhalt des Schulsports aufrechtzuerhalten. Handball ermöglicht letztendlich genau das, was der Doppelauftrag von Schulsport einfordert: sportliche Qualifizierung und Persönlichkeitsbildung.

Prof. Dr. Stefan König

Vorwort von Silvia Schmitt

Wer wie ich im Großraum Stuttgart und damit auch im Umfeld des mehrfachen Deutschen Meisters und Europapokalsiegers Frisch Auf Göppingen aufwächst, der kommt früher oder später mit Handball in Kontakt, sei es durch die Sportpresse, durch Gespräche mit Freunden oder Bekannten, beim Vereinssport oder aber in der Schule. Mir ging es nicht anders: Durch meinen Heimatverein, die Spvgg Cannstatt, und meine Schule habe ich schon in jungen Jahren Zugang zum Handball gefunden und dieser Sport fasziniert mich bis heute. Gelernt habe ich in den fast 20 Jahren als Bundesliga- und Nationalspielerin vieles, eine Sache ist jedoch ganz entscheidend: gutes, interessantes und abwechslungsreiches Training – egal auf welchem Leistungsniveau Handball gespielt wird.

Klar ist, dass so etwas in der Schule nicht immer ganz einfach ist, gibt es doch oft Platzprobleme, Schwierigkeiten mit großen und heterogenen Klassen und auch die eine oder andere Klippe beim Umsetzen und Einhalten von den gewiss nicht einfachen Regeln. Ich bin aber überzeugt, dass die **Doppelstunde Handball** für all diese Probleme gute und praktikable Lösungen hat:

- Raumprobleme werden in vielen Doppelstunden über Kleinfeld- und Sektorenspiele gelöst, so dass Handball-Unterricht auch in einem Hallendrittel möglich ist.
- Für heterogene Leistungsvoraussetzungen werden unterschiedlich schwierige Übungs- und Spielmöglichkeiten angeboten und
- die Regeln, die für viele oft ein Buch mit sieben Siegeln sind, werden auf das Notwendigste beschränkt.

Damit dürfte es für keine Sportlehrerin oder Sportlehrer mehr ein Problem sein Handball zu unterrichten und ich wünsche mir deshalb, dass die Lehrkräfte sich wieder öfters und regelmäßiger an meine Sportart herantrauen.

Der **Doppelstunde Handball** wünsche ich viele interessierte Leser; Leser, die letztendlich dafür sorgen, dass Handball ein fester Bestandteil des Schulsports bleibt und damit auch dazu beitragen, dass in Zukunft viele Kinder und Jugendliche dieser faszinierenden Sportart treu bleiben.

Silvia Schmitt
245-fache Handball-Nationalspielerin
Joachim-Deckarm-Botschafterin

I

Handball unterrichten

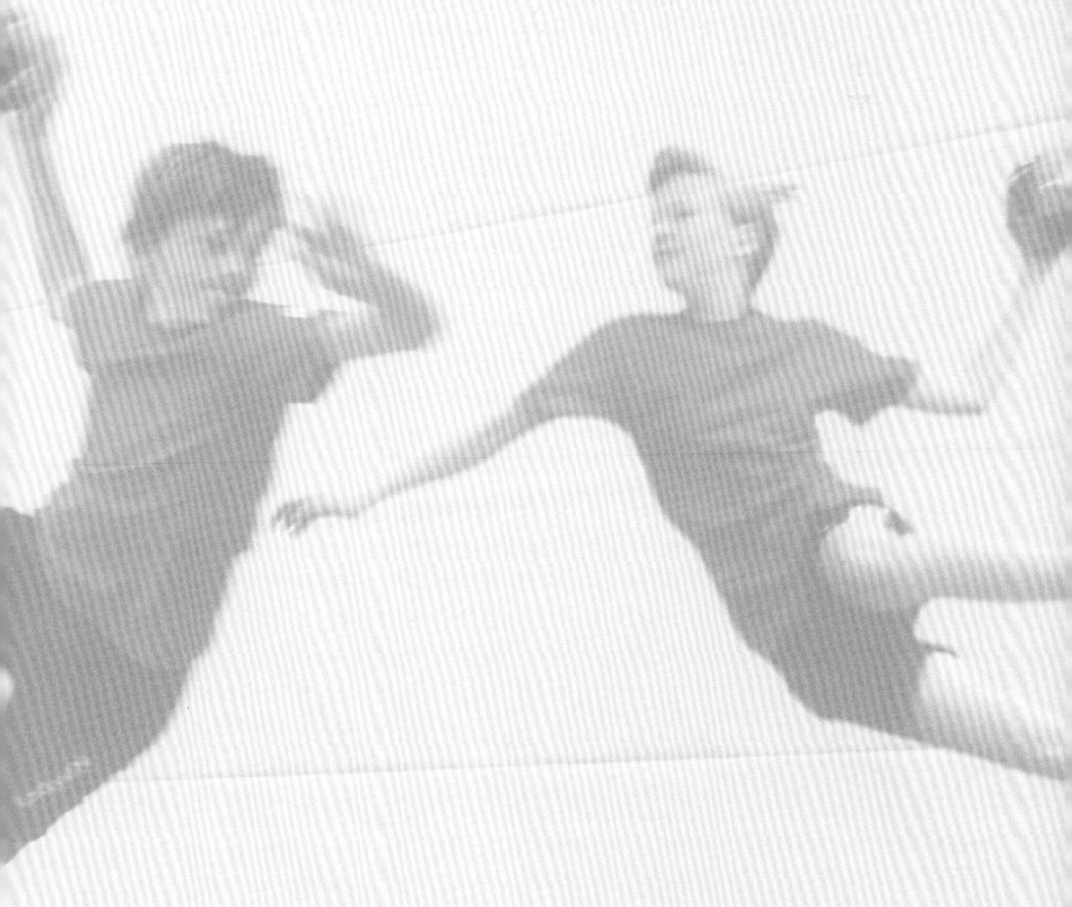

1 Das Sportspiel Handball

Das Handballspiel hat verschiedene Wurzeln; für die Entwicklung dieses Sportspiels in Deutschland ist jedoch eine Tatsache immer wieder in Erinnerung zu rufen: Dieser heute so harte „Männersport“ wurde unter dem Namen Heisersches Torballspiel zu Beginn des 20. Jahrhunderts als Sportspiel für Mädchen erfunden (Weichert, 1978, S. 28). Es sollte ein Ballspiel sein, das den Vorstellungen der damaligen Gesellschaft entsprach: Mädchen kämpfen nicht um einen Ball und schon gar nicht gegeneinander – das Spiel hatte folglich schön zu sein. Aus diesem Grund wurde auch mit einem Ball von 71 cm Umfang gespielt, so dass technische Raffinessen absolut ausgeschlossen waren. Erst Schelenz (vgl. Schelenz, 1949, S. 11) begann mit der Einführung des heutigen Spiels, das zu Beginn des 21. Jahrhunderts Männer genauso gut und gerne wie Frauen spielen.

Dennoch: „Handball war eigentlich eine Sportart für Mädchen!“

Seit den großartigen Erfolgen der deutschen Nationalmannschaften in den letzten Jahren, die im WM-Sieg 2007 bei den Männern und im 3. Platz 2008 bei den Frauen gipfelten, ist Handball bei Jugendlichen wieder eine gefragte Sportart; mit Blick auf den Schulsport könnte man aber – zumindest in verschiedenen Regionen – fast an dieser Entwicklung zweifeln: Handball scheint dort eher eine Randerscheinung zu sein.

Handball als Schulsport

Betrachtet man den Schulsport aus unterschiedlichen Blickwinkeln, dann wird immer wieder deutlich, dass Handball als Schulsportart – etwa im Vergleich zu Volleyball oder Basketball – eine eher untergeordnete Rolle spielt. Befragungen von Schülern[1], Lehrern sowie Studienanfängern zeigen eindeutig, dass Handball in der Hitparade der Sportarten eher auf den hinteren Plätzen zu finden ist und – auch wenn es keine völlig aktuellen Befragungen gibt –

[1] Aus Gründen der Lesbarkeit wird in der **Doppelstunde Handball** die männliche Form verwendet. Die Begriffe Lehrer, Schüler, Spieler, ... meinen immer auch Lehrerinnen, Schülerinnen und Spielerinnen.

im Schulsport in vielen Gegenden gar kein Thema zu sein scheint. Für die Sportart selbst ist dies ein Problem, da eine geringe Präsenz im Schulsport langfristig gesehen zu einem Nachwuchsproblem im Handball führt. Einzig und allein aus diesem Grund kümmern sich jetzt auch die Handball-Verbände um schulsportspezifische Vermittlungskonzepte (vgl. u. a. DHB, 2007; HVW, 2003) sowie um Lehrerfortbildungen, um ihrer Sportart auch in der Schule einen angemessenen Platz einzuräumen.
Die Frage, die sich aufgrund dieser Beobachtungen stellt, ist selbstverständlich die Frage nach den Gründen für diese Differenzen zwischen allgemeiner Beliebtheit und Anerkennung und dem Status in der Schule. Folgende Beobachtungen bzw. Faktoren, die sich aufgrund allgemeiner Erfahrungen, aber auch mittels verschiedener Befragungen herauskristallisiert haben, scheinen das angesprochene Problem erklären zu können:

1. Unterrichtsbeobachtungen in verschiedenen Schularten und Klassenstufen haben in diesem Zusammenhang Folgendes gezeigt:
   - Wenn Schüler Handball spielen, dann ist dies häufig „Standhandball“, d. h. es sind keinerlei Lauf- oder Stoßbewegungen festzustellen.
   - Wenn dann tatsächlich Bewegung ins Spiel kommen sollte, ist keine Raumordnung im Angriff vorhanden.
   - Daraus resultiert auch die Tatsache, dass keine Zuordnung in der Verteidigung möglich ist.
   - Schüler haben keinerlei Kompetenzen in der regelgerechten Bekämpfung von Gegenspielern.
   - Und schließlich ist auch sehr häufig eine mangelnde Bereitschaft auf Seiten der Schüler festzustellen, die Torhüter-Rolle zu übernehmen.

2. Wechselt man aus dieser Beobachterperspektive in die Position des Unterrichtenden, dann ergeben sich drei Arten von Problemen, die das Unterrichten von Handball schwierig machen:
   - Zunächst gibt es ein **Sachproblem,** das sich in dreifacher Weise zeigt und für den Lehrer eine Herausforderung bezüglich seiner Unterrichtsstrategien darstellt:
     (1) Zum einen ist – wie beobachtet – der Wettkampfhandball im Angriff durch den *Bewegungsstoß* als grundlegendes Verhalten gekennzeichnet. Dieses technisch-taktische Verhalten verleiht dem Spiel einerseits eine große Dynamik, andererseits ist es für Anfänger relativ schwierig umzusetzen (KÖNIG, 2009). Erschwerend kommt hinzu, dass sich Schulhandball häufig durch ein Nicht-Einhalten der Positionen

auszeichnet, da viele Schüler dorthin laufen, wo sich gerade der Ball befindet. Ein Konzept für Schulhandball muss dies berücksichtigen und entsprechende Schwerpunkte im Unterricht setzen, d. h. dafür sorgen, dass Raumordnung ein Ziel der Vermittlung ist.
(2) Zum zweiten ist Handball aufgrund seiner spezifischen Struktur (enge Räume, Konzentration der Teams vor dem Kreis, etc.) – durch relativ viele Körperkontakte gekennzeichnet, die in vielen Fällen zwangsläufig zu Fouls führen. Problematisch ist dies vor allem deshalb, weil Schüler in der Regel keinerlei Kompetenzen besitzen, sich regelgerecht in der Abwehr zu verhalten. Folglich muss eine Vermittlung von Handball in der Schule auch das Verhalten zum Gegenspieler thematisieren und Lösungsmöglichkeiten aufzeigen, die Anfänger umsetzen können.
(3) Schließlich unterscheidet sich Handball von den anderen Sportspielen dadurch, dass es eine relativ exponierte Torhüter-Rolle hat, die gerade im Sportunterricht für Probleme sorgt, weil aus relativ kurzer Distanz „scharf" geschossen wird. Andererseits ist – im Gegensatz zum Fußball (vgl. u. a. SCHMIDT, 2004, S. 82 ff.) – ein Spiel ohne Torwart im Prinzip nicht möglich, ohne das Spiel extrem zu verzerren.

- Ebenfalls existiert ein **Organisationsproblem:** Handball benötigt durch sein spezifisches Spielfeld relativ viel Raum, von dem wiederum ein größerer Teil (bei verkleinerten Feldern bis zu 40%) nicht genutzt wird (Wurfkreise). Dies wird unter normalen Schulsportbedingungen (kleine Halle, große Klassen) automatisch schwierig und ist folglich bei der Entwicklung einer Vermittlungskonzeption zu berücksichtigen.
- Schließlich scheint es so etwas wie ein **Kompetenzproblem** zu geben, dessen Ursachen aller Voraussicht nach in der Lehrerausbildung zu suchen sind: Befragungen von Lehrern haben ergeben (KÖNIG & ZENTGRAF, 1999), dass gut die Hälfte der befragten Kollegen glauben, beim Unterrichten von Handball Kompetenzprobleme zu haben, wobei dies für Kolleginnen signifikant häufiger zutrifft. Dies gilt insbesondere für die Schiedsrichtertätigkeit, die Demonstration von technisch-taktischen Inhalten und die Unterrichtsorganisation.

Wenn nun solche Probleme, die – oberflächlich betrachtet – in anderen Sportspielen in dieser Weise und Intensität nicht existieren, bekannt und offensichtlich sind, dann trägt die Offenheit der neuen Bildungspläne und die Grundidee von Bewegungsfeldern ihren Teil dazu bei, dass das passiert, was anfangs angedeutet wurde: Hand-

ball wird – insbesondere im Schulsport der Mädchen – gestrichen und andere Spiele dafür jedes Jahr unterrichtet.
Folglich muss es das Ziel einer Vermittlungskonzeption für die Sportart Handball sein, alle genannten Punkte zu berücksichtigen und zusätzlich das Sportspiel Handball adäquat und strukturell richtig aufzuarbeiten. Die **Doppelstunde Handball** basiert aus diesen Gründen auf der Idee des **Schulhandballs,** verstanden als Gegenposition zu **Handball in der Schule.** Letztere will im Sinne einer Abbilddidaktik eine Sportart oder Disziplin des außerschulischen Sports in den Schulsport hineinholen. Dagegen zielt die didaktische Position **Schulhandball** darauf ab, diese historisch gewachsene Sportart so zu verändern, dass zwar die Spielidee im Kern erhalten bleibt, andererseits aber die beschriebenen Unterrichtsprobleme gelöst werden können, was in einzelnen Altersstufen zu oberflächlich veränderten Spielformen führt.

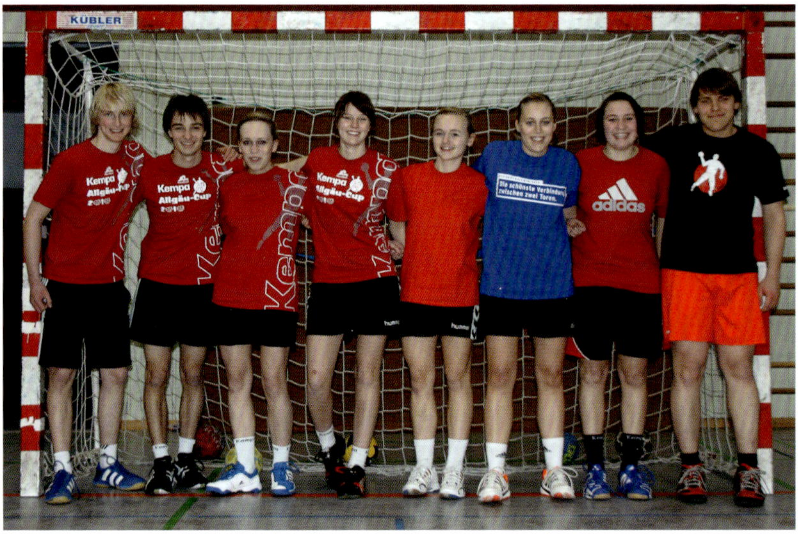

2 Vermittlungskonzept Handball

Die Frage nach der Vermittlung von Spielen wird in der Sportwissenschaft seit gut 50 Jahren kontrovers diskutiert. Dennoch ist es gelungen, im Hinblick auf die Vermittlung von *Spielfähigkeit* ehemals kontroverse Positionen zu kombinieren, wobei allerdings auch in dieser Diskussion gilt, was Dietrich (1972) schon vor vielen Jahren gesagt hat: Letztendlich ist die Frage nach der Vermittlung von Sportspielen in allererster Instanz eine Diskussion um Ziele bzw. Inhalte und erst in einem zweiten Schritt eine Frage der Methoden. Gerade vor diesem Hintergrund ist eine Analyse des Begriffs *Spielfähigkeit* zentral, um deutlich zu machen, welche Zieldimensionen im Unterricht betroffen sein können. In Anlehnung an König und Memmert (2012), Lames (1998) und Dietrich (1984) sind folgende Zielrichtungen zu unterscheiden:

- Eine trainingswissenschaftliche Betrachtungsweise sieht Spielfähigkeit als ein Konstrukt an, das die Gesamtheit aller relativ überdauernden Eigenschaften, Fertigkeiten und Fähigkeiten bezeichnet, die ein Sportler zur optimalen Ausübung seiner Spielsportart benötigt (Lames, 1998, S. 138).
- Demgegenüber konzentriert sich die sportpädagogische Perspektive auf eine Integration von motorischen und sozialen Kompetenzen (Dietrich, 1984), wobei letzterer Bereich sich auf Fähigkeiten, wie Spiele in Gang setzen, Spiele im Verlauf sichern und Spiele bei Störungen wiederherstellen können, bezieht (Kohl, 1990).

Die **Doppelstunde Handball** möchte ihr Hauptaugenmerk auf die Vermittlung der spezifischen Sportspielfähigkeit Handball legen und hierbei die trainingswissenschaftliche und die sportpädagogische Sichtweise verknüpfen. Dies wird wie folgt begründet:

- Lehrer benötigen als praktizierende Allrounder, die vielleicht zehn oder mehr Sportarten unterrichten müssen, insbesondere didaktisch-methodische Hilfestellungen für die Vermittlung von Inhalten; dies gilt vor allem für Sportarten, in denen sie sich wenig „heimisch" fühlen. Insofern genießt die Darstellung eines sachgerechten Vermittlungskonzeptes oberste Priorität in der **Doppelstunde Handball.**
- Andererseits bietet gerade Handball hervorragende Möglichkeiten, die Interaktionsmuster der *Konkurrenz* und der *Assoziierung* zu thematisieren und zu verbinden. Gedacht ist in diesem

Zusammenhang vor allem an das gemeinsame Erarbeiten und Einhalten von Regeln (vgl. Doppelstunde 5 bis 7) sowie an ein angemessenes Verhalten zum Gegenspieler (vgl. Doppelstunde 11 bis 13).

Möchte man diese Leitidee des erziehenden Sportunterrichts umsetzen, bedarf es der Konkretisierung verschiedener Überlegungen; dies geschieht in den folgenden 5 Schritten:

1. Sportspielvermittlung benötigt vertikale Progression (König & Memmert, 2012). In anderen Worten: Entsprechend dem Vorgehen in anderen Fächern müssen sich die Inhalte der Unterstufe von denen der Mittel- und Oberstufe hinsichtlich Komplexität und Schwierigkeit unterscheiden. Mit Blick auf die Sportspiele wurde diese Idee das erste Mal als Vier-Stufen-Plan zur Vermittlung von Sportspielen vorgestellt (König, 1997) und seither vor allem in den **Doppelstunden Basketball, Fußball** und **Volleyball** umgesetzt. Grundidee in diesem Zusammenhang ist, dass sich die Fachgruppe Sport an einer Schule konsequent an ein Sportspielcurriculum hält.

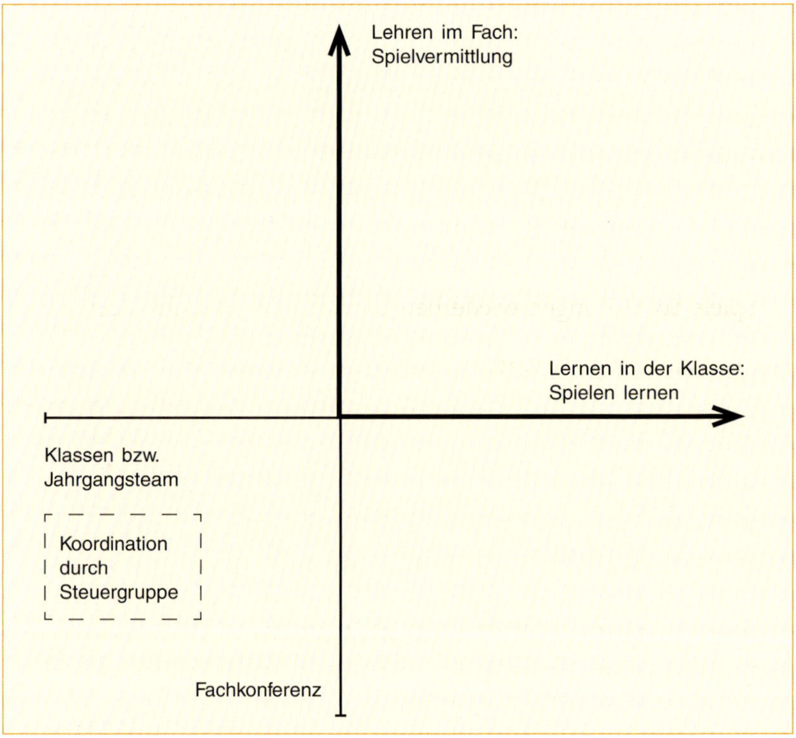

Abb. 1: Sportspielvermittlung als Aufgabe der Fachgruppe Sport (Kempfert & Rolff, 2005, S. 32)

Diese Strategie ist im Übrigen in der Erziehungswissenschaft ein weit verbreitetes Instrument der Qualitätssteigerung von Unterricht (vgl. Abb. 1).

2. Bezieht man sich vor diesem Hintergrund auf den Stand der sportspieldidaktischen Forschung, dann lassen sich in Anlehnung an Überlegungen von Roth und Mitarbeiter (vgl. u. a. Roth, Kröger & Memmert, 2002) drei methodische Strategien für die Vermittlung von Spielfähigkeit bzw. von Sportspielen herausstellen, mit Hilfe derer eine vertikale Progression organisiert und hergestellt werden kann:

- Prinzip 1 „Sportspielübergreifendes vor sportspielspezifischem Lernen“: Generell ist davon auszugehen, dass sportspielspezifisches Lernen, also die Vermittlung konkreter Spiele, auf einem sportspielübergreifenden Fundament aufbaut, das es insbesondere in der Grundschule, aber auch in den Klassen 5 und 6, zu vermitteln gilt.
- Prinzip 2 „Spielen vor Spielen und Üben“: Bei der Vermittlung von Sportspielen ist zu berücksichtigen, dass der Idee „Spielen lernt man nur durch Spielen“ Rechnung getragen wird. Dies bedeutet, dass im Sportunterricht Spielen im Mittelpunkt stehen muss, diese Tätigkeit aber zunehmend, d. h. mit steigendem Können, durch Übungsprozesse zu unterstützen ist.
- Prinzip 3 „Implizites vor explizitem Lernen“: Aus verschiedenen Studien geht hervor, dass Anfänger taktisches Verhalten vor allem spielerisch-beiläufig und nebenher erlernen können.
  Für den Sportunterricht bedeutet dies, dass die Schüler insbesondere am Anfang eines Vermittlungsprozesses – also z. B. in der Orientierungsstufe – öfters unangeleitet spielen sollen. Erst ab einem gewissen Könnensstadium sollten explizite, also intentionale Lernprozesse in den Mittelpunkt gerückt werden.

Alle drei Prinzipien prägen letztendlich eine Ballspielerziehung im Sportunterricht, weshalb diese auch in einem Vermittlungskonzept Berücksichtigung finden müssen.

3. Verbindet man diese beiden methodisch-didaktischen Überlegungen, dann ergibt sich die folgende, in Abb. 2 dargestellte Struktur eines Vermittlungsmodells „Handball in der Schule“.
Diese Konzeption geht davon aus, dass vertikale Progression die **Doppelstunde Handball** wie folgt kennzeichnet:

- Grundsätzlich ist es Aufgabe der Klassen 1 bis 6 übergreifende basistaktische Kompetenzen zu vermitteln und zu vertiefen, was im Grunde genommen der Leitidee des sportspielübergreifenden und des sportspielgerichteten Lernens entspricht (vgl. hierzu auch Uhlig, 2008). Diesem Fundament sollte das sportspielspezi-

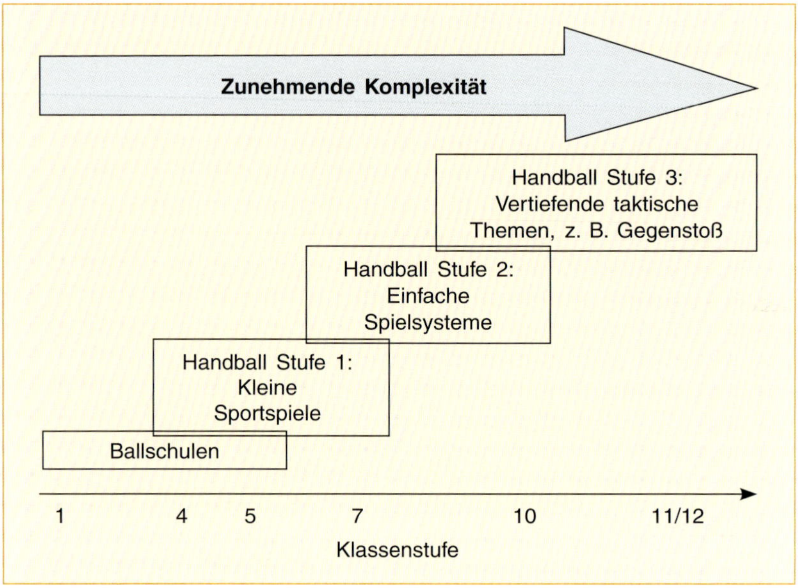

Abb. 2: Konzept „Schulhandball“ (mod. nach König, 2009, S. 33)

fische Lernen folgen, wobei sich für jeden Lehrer die Frage stellt, mit welchem Spiel sinnvollerweise zu beginnen ist.

- Da die **Doppelstunde Handball** davon ausgeht, dass Handball in geradezu idealer Weise das erste Spiel in den weiterführenden Schulen darstellt, werden in den ersten vier Doppelstunden die Inhalte der ersten vier Klassen, insbesondere das sportspielgerichtete Lernen, nochmals intensiv wiederholt und Schritt für Schritt spezifisch auf Handball zugeschnitten.
- Dem folgt eine Einführung in das Handballspiel, die das Spiel **Handball 3+1** als erstes Zielspiel anstrebt und als sportspielspezifisches Lernen 1 bezeichnet wird. Es geht dabei ausschließlich um die Einführung eines vereinfachten, aber strukturgleichen Zielspiels (vgl. auch die **Doppelstunden Basketball, Fußball, Volleyball**), das für den Schulsport angemessen ist. Diese Einführung erfolgt über Kleine Sportspiele sowie die Spielreihe „Aufsetzerball“ und nimmt weitere 3 bis 4 Doppelstunden in Anspruch.
- Wird dieser Weg akzeptiert, dann folgen die anderen Spiele in der in Abb. 3 dargestellten Reihenfolge.
  Begründet wird diese Reihenfolge wie folgt: Wird Handball mit seinen eher einfachen Bewegungen des Werfens, Fangens und Laufens als erstes Spiel gewählt, sollte Fußball als sensomotorische Variante angeboten werden. Dem folgt in Klasse 6 Basketball als erstes Spiel, gefolgt von Volleyball, das mit seinen

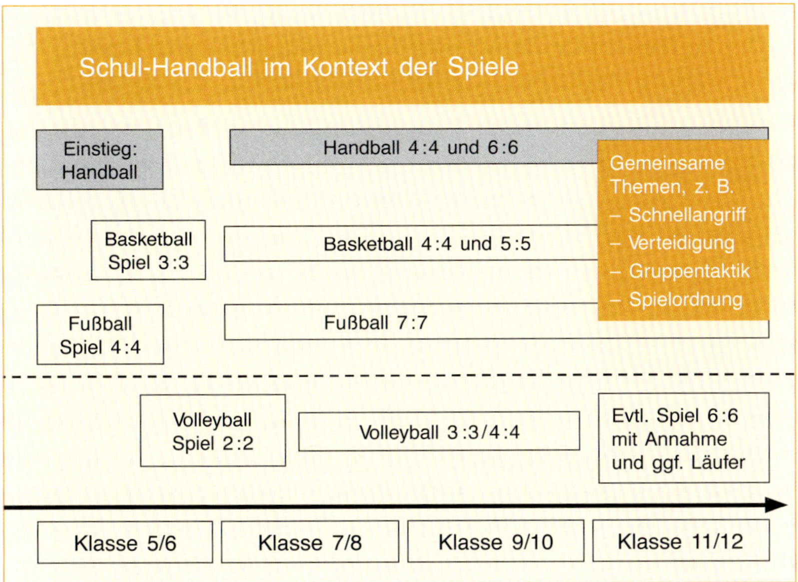

Abb. 3: Reihenfolge der Einführung der Großen Sportspiele

schwierigen und vor allem nicht alltäglichen Grundtechniken an den Schluss der Einführung von großen Sportspielen gestellt werden sollte.

- Der dritten Stufe fällt die Aufgabe zu, auf der Basis des ersten Zielspiels (Handball 3+1) taktische Kompetenzen in Abwehr und Angriff zu vertiefen, indem in beiden Funktionsbereichen die jeweiligen Spielpositionen eingeführt und damit die Grundlagen für einfachste taktische Systeme geschaffen werden.
- Schließlich sollte auf der vierten Stufe – sie entspricht der Sekundarstufe 2 – auch den spezifischen Aufgaben der Kursstufe Rechnung getragen werden: Dies bedeutet zum einen die Erarbeitung vertiefender technischer und taktischer Elemente des Handballs, zum zweiten aber auch durch den Einsatz expliziter Lehrstrategien die Vermittlung taktischer Kenntnisse und sportartspezifischen Wissens. Darüber hinaus bietet es sich in dieser Altersstufe an, taktische Elemente auch kontrastiv zu vermitteln, d. h. identische Spielsituationen (z. B. Situation 1 gegen 1) hinsichtlich ihrer unterschiedlichen technisch-taktischen Anforderungen in verschiedenen Spielen zu thematisieren (König, 2010).

4. Bezüglich der konkreten inhaltlichen Gestaltung gelten auch für die **Doppelstunde Handball** die Vorschläge, die Kröger und Roth (2005) bzw. Roth, Kröger und Memmert (2002) sowie Roth, Memmert und Schubert (2006) beschrieben haben: spielerisch-

taktisches Lernen, fähigkeitsorientiertes Lernen und fertigkeitsorientiertes Lernen sind stufenübergreifende und gleichberechtigte Säulen der Sportspielvermittlung; konkret bedeutet dies, dass
... reines Spielen,
... die Schulung der Ballkoordination und
... das Üben von spezifischen Fertigkeiten
zu etwa gleichen Teilen in den einzelnen Schulstunden anzubieten sind. Für die Unterrichtsplanung ist folglich die Faustformel „ein Drittel Spielen, ein Drittel Ballkoordination und ein Drittel Technikschulung" hilfreich. Sie wird auch die Struktur der einzelnen Doppelstunden prägen, so dass von einer Stundenaufteilung von etwa drei Mal 25 Minuten auszugehen ist.

5. Die in den Punkten 1 bis 4 beschriebenen Strategien stellen die Eckpfeiler der **Doppelstunde Handball** dar und werden in den einleitenden Kapiteln II bis IV jeweils detailliert beschrieben. Sie sollen an dieser Stelle lediglich durch eine vertiefte Erläuterung des dritten methodischen Prinzips (s. o.) ergänzt werden:

- *Implizites Lernen,* also die unbewusst ablaufenden Lernprozesse von taktischen Kompetenzen, hat sich für den Anfängerbereich als überlegen herausgestellt (vgl. ROTH, 1996). Insofern ist das Prinzip des „Spielen lassens" für die Klassen 5 bis 8 als Schwerpunkt im Sportunterricht umzusetzen. Hieraus abzuleiten, dass Lehrkräfte sich zurücknehmen können, wäre ein großer Irrtum, stellen Sportspielstunden doch enorme Anforderungen hinsichtlich der Organisation, der Konfliktlösung und der Kontrolle des Gesamtgeschehens.

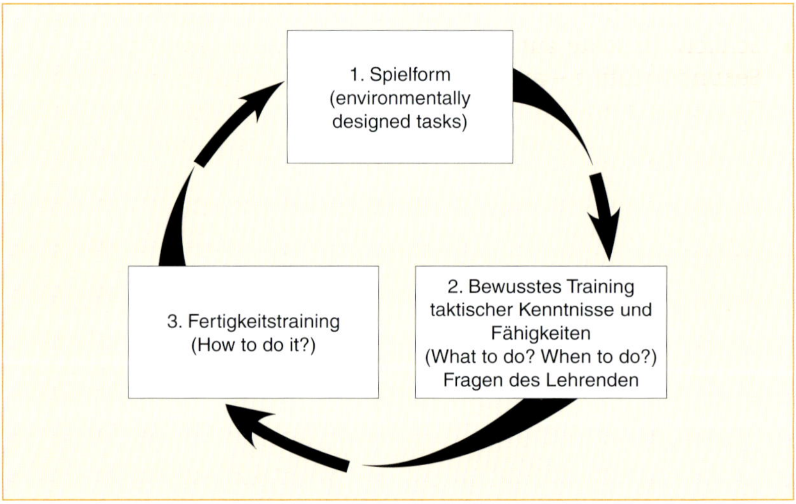

Abb. 4: Das Prinzip „Teaching Games for Understanding" (nach GRIFFIN et al., 1997)

- Mit zunehmendem Können scheinen *explizite Unterrichtsstrategien* effektiver zu werden, also Strategien, bei denen bewusst das taktische Verständnis geschult wird (vgl. hierzu auch die **Doppelstunde Volleyball**). Im Sportspielunterricht eignet sich hierfür das Prinzip des „Teaching Games for Understanding" (Griffin et al., 1997), das in Abb. 4 dargestellt ist.

Vereinfacht ausgedrückt sollte der Lehrer durch gezielte Fragen, die er in bestimmten Spielsituationen stellt, zu Denkprozessen über taktische Handlungen anregen, um auf diese Art und Weise zu einem besseren Spielverständnis *(game appreciation)* und einer besseren Spielfähigkeit beizutragen.

Fasst man diese Überlegungen unter einer didaktischen Perspektive zusammen, dann zeigt sich eindeutig, dass wir im Verlauf einer Schülerkarriere einen Sportspielunterricht haben, der sich auf Ziel-, Inhalts- und Methodenebene systematisch und strukturiert weiterentwickelt. Dies ist das zentrale Grundprinzip der **Doppelstunde Handball.**

3 Hallen, Geräte und Medien

Betrachtet man die Rahmenbedingungen für Sportunterricht insgesamt, spielen Geräte und Medien eine nicht unerhebliche Rolle beim Gelingen oder Misslingen von Sportstunden. Gerade für die Sportart Handball bereitet die im Schulsport häufig anzutreffende Situation „große Klasse – kleine Halle“ vielen Kollegen Kopfzerbrechen. Verschärft wird dies durch die Tatsache, dass – im Gegensatz zu allen anderen Sportspielen – Handball durch sein spezifisches Spielfeld relativ viel Raum benötigt, von dem wiederum ein größerer Teil nicht genutzt wird (Wurfkreise). Dies wird unter normalen Schulsportbedingungen automatisch eine Schwierigkeit und ist bei der Entwicklung einer Vermittlungskonzeption zu berücksichtigen.
Wenn wir in diesem Zusammenhang nochmals ein typisches Spielfeld anschauen, dann müssen wir uns auch darüber klar werden, dass ein Fünftel des Spielfeldes, also knapp 100 m² für den Torraum „verbraucht“ wird. Dieses Verhältnis wird beim Einsatz von kleinen Spielfeldern im Übrigen noch ungünstiger (bis zu 50%).
Den Doppelstunden Handball liegen deshalb folgende Rahmenbedingungen zugrunde:

- **Halle/Spielfeld:** Geht man davon aus, dass der Mehrzahl der Klassen ein Drittel einer normalen Sporthalle zur Verfügung steht (ca. 14 x 20 m), ergeben sich in Abhängigkeit von Unter-

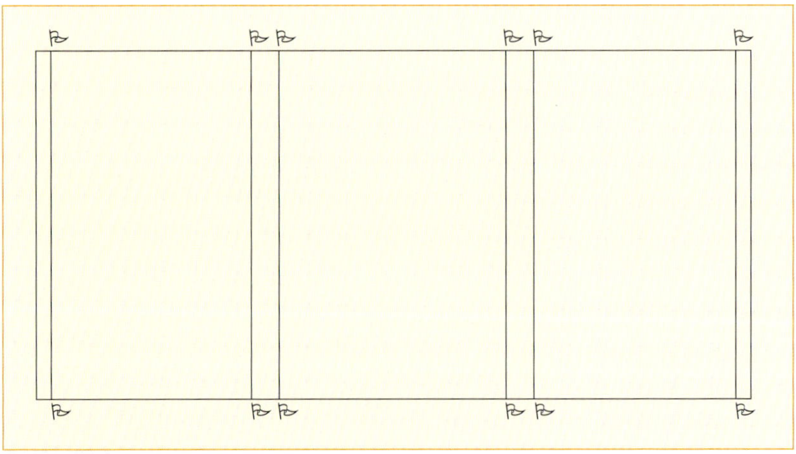

Abb. 5: Querspielfelder in einem Hallendrittel (Größe: ca. 14 x 6 m)

richtsziel und Altersstufe folgende Möglichkeiten der Spielfeldgestaltung:

1. Insbesondere bei der Einführung des Spiels besteht die Möglichkeit mit getrennten Spielfeldern (König, 1999) zu arbeiten, so dass drei Querspielfelder in einem Hallendrittel möglich sind (vgl. Abb. 5); Tore werden durch Hütchen oder Fahnen markiert, eine Wurflinie halbiert die Spielfelder. Diese Lösung bietet sich insbesondere für Wurfspiele (vgl. Doppelstunde 2) an.
2. Braucht man längere Spielfelder, bieten sich pro Hallendrittel zwei Längsspielfelder an, die allerdings schmaler sind und folglich nur Dreier- oder maximal Viererteams zulassen (vgl. Abb. 6). Eine optimale Lösung sind hier natürlich zwei Hallendrittel, die ein gleichzeitiges Spielen aller Schüler ermöglichen.

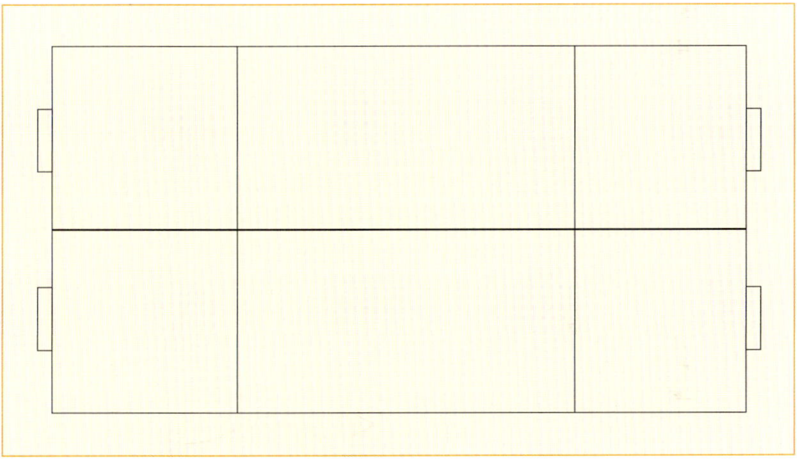

Abb. 6: Längsspielfelder in einem Hallendrittel

3. Besteht das Unterrichtsziel in der Weiterentwicklung der Spielfähigkeit (etwa ab Doppelstunde 7), dann sollte mit sogenannten *Halbspielfeldern* gearbeitet werden; dies ist zwar einerseits kein echtes Spiel (vgl. Czwalina, 1988, S. 230 f.), andererseits wird dies aber beim informellen Spielen in der Freizeit mangels Ausrüstung vorzugsweise so betrieben. Immerhin besteht dann die Möglichkeit, den Unterricht auf zwei oder drei Halbspielfeldern zu organisieren (vgl. Abb. 7).
4. Will man insbesondere mit fortgeschrittenen Klassen das Spiel auch als Ganzes, d. h. mit einem regelmäßigen Wechsel von Abwehr- und Angriffstätigkeit sowie mit Gegenstoß- und Rückzugsphasen, vermitteln, führt kein Weg an einem ganzen

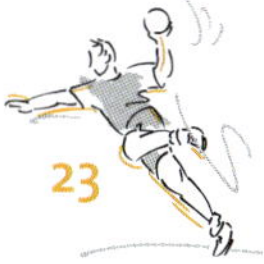

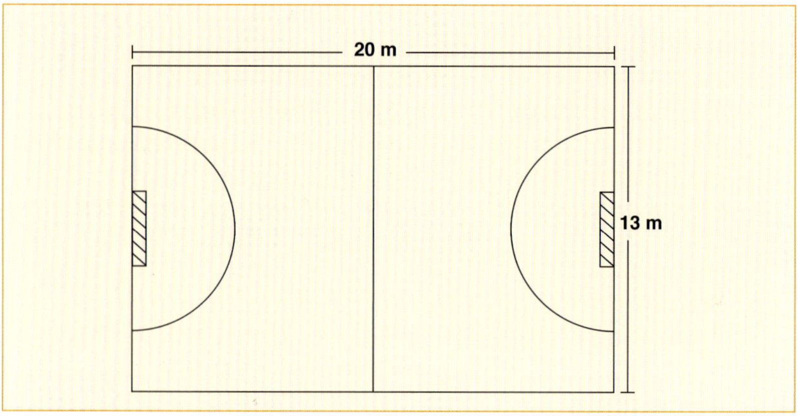

Abb. 7: Zwei Halbspielfelder in einem Hallendrittel

Spielfeld vorbei. Dies muss allerdings nicht heißen, dass man zwingend ein Spielfeld mit 40 x 20 Metern braucht. Die verkleinerte Variante ist ein Spielfeld mit 20 x 13 Metern, die problemlos in einem Hallendrittel Platz findet (vgl. Abb. 8).

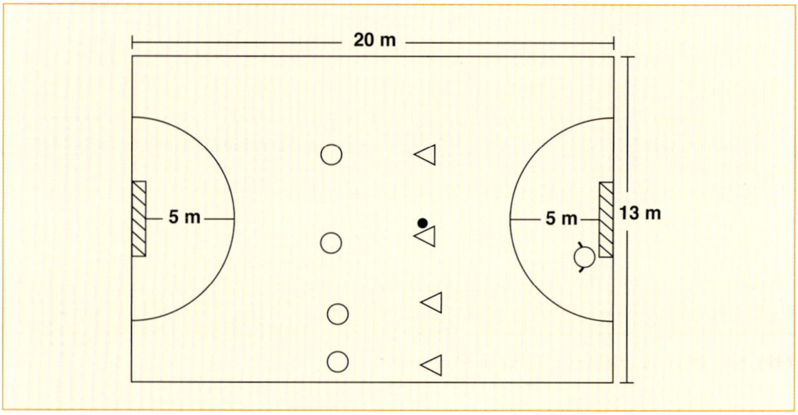

Abb. 8: Kleinspielfeld für das Spiel Handball 4 + 1 (DHB, 1998, S. 151)

Sollte mehr Platz für den Sportunterricht zur Verfügung stehen – was die Praxis ja durchaus hin und wieder zeigt – können natürlich entsprechend mehrere Spielfelder eingebaut werden. Selbstverständlich kann dies auch dadurch gelöst werden, dass eine Absprache mit Kollegen getroffen wird, die eine Unterrichtseinheit im Freien durchführen wollen; oder es wird der umgekehrte Weg gegangen und Handball auf einem Kleinfeld im Freien angeboten. Organisatorisches Geschick bzw. ein wenig Kreativität machen es möglich, dass auch Handball in der Schule angemessen organisiert werden kann.

- **Bälle:** Auch die Ballsituation trägt nicht unerheblich zu einem gelungenen Handball-Unterricht bei, wobei sich dies sowohl auf die vorhandene Anzahl als auch auf die Qualität und Größe des Ballmaterials bezieht. Zu empfehlen ist, dass pro Schüler mindestens ein Ball zur Verfügung steht; besteht diese Möglichkeit nicht immer, so können zumindest für verschiedene Aufwärm- und Ballkoordinationsprogramme auch andere Bälle verwendet werden. Hinsichtlich der Größe ist Folgendes festzuhalten:
  - Insbesondere für Anfänger sind kleine und griffige Bälle (Größe 0 oder 1) ein Muss, da ansonsten Handlungen mit dem Ball sehr schwierig werden. Gerade für den Sportunterricht gilt deshalb, dass Handbälle für alle relevanten Altersgruppen zur Verfügung stehen sollten, um einen Lerneffekt zu ermöglichen.
  - Zu überlegen ist auch, ob gerade im Anfängerbereich weiche Bälle eingesetzt werden. Der Nachteil, dass diese Bälle ein Prellen fast unmöglich machen, wird durch den Vorteil, dass diese Bälle eindeutig weniger Angst hervorrufen und somit auch eine Torwartschulung ermöglichen, mehr als ausgeglichen. Ein möglicher Kompromiss könnten in diesem Zusammenhang kleine Plastikbälle (vgl. Bild 1) oder aber Beach-Handbälle (vgl. Bild 2) sein, die sowohl von Kindern gut gegriffen werden können, als auch weniger Angst hervorrufen.

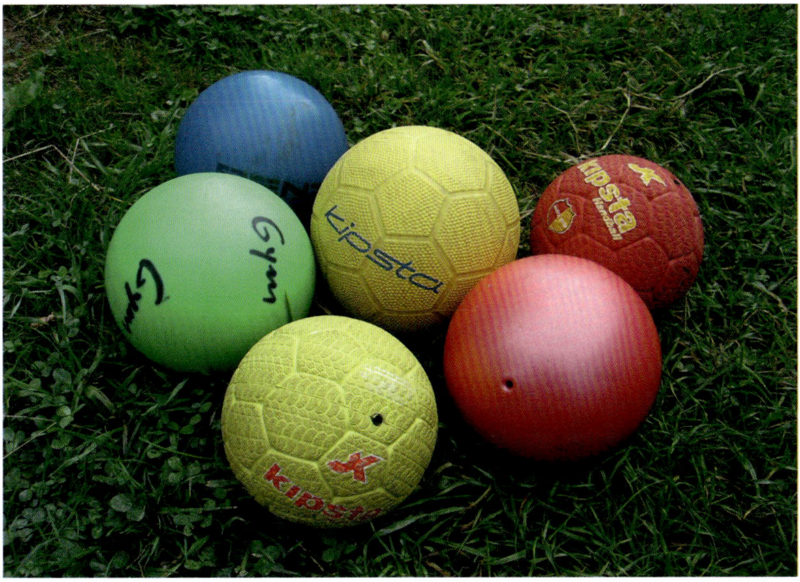

Bild 1: Kleine Plastikbälle

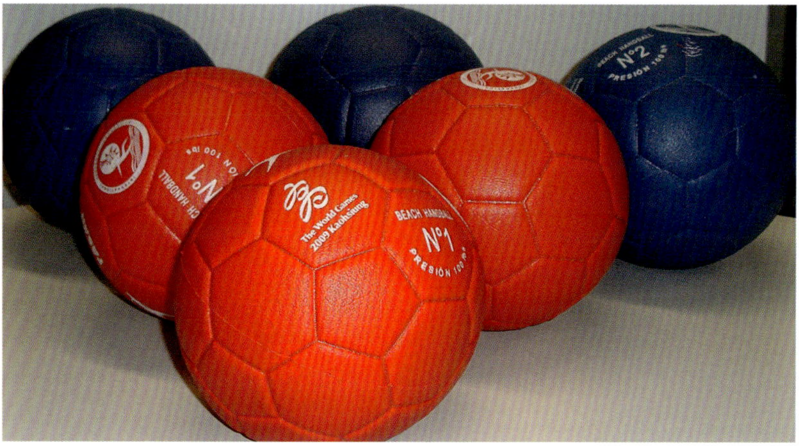

Bild 2: Beach-Handbälle

- Weitere **Geräte und Hilfsmittel:** Wünschenswert ist selbstverständlich, dass eine entsprechende Anzahl an verschieden farbigen Markierungshemden oder Parteibändern zu Verfügung steht, um letztendlich auch ein Spielen mehrerer Mannschaften im Wechsel untereinander zu ermöglichen. Ebenfalls trägt eine Taktiktafel oder eine Wandtafel zum effektiveren Unterricht bei, weil sowohl Spiel- und Übungsformen als auch taktische Handlungen erklärt werden können. Sollten in den Spielphasen auch Turniere zwischen einzelnen Mannschaften gespielt werden, werden Pfeife, eine Stoppuhr sowie ein Turnierplan benötigt. Und schließlich wird insbesondere bei den Doppelstunden der Orientierungsstufe Material benötigt, um Wurflinien (statt der üblichen Wurfkreise) zu markieren; folgende Lösungen sind hierfür denkbar:
  1. Einfaches Kreppband, das auf den Boden geklebt wird; das geht relativ schnell.
  2. Baustellenband, das mit Krepp am Boden festgeklebt wird. Diese Lösung ist etwas aufwändiger, dafür ist das Baustellenband sehr auffällig.
  3. Gummiplatten; diese sind am schnellsten gelegt, sie sind jedoch aufgrund ihrer dunklen Farbe eher etwas unauffällig.

Für die Spielfeldbegrenzungen sollten die in jeder Halle vorhandenen Linien verwendet, jedoch mittels Hütchen hervorgehoben werden (vgl. Kapitel II.1).

4 Aufbau der Stunden

Den folgenden 19 Doppelstunden liegt eine einheitliche Struktur zugrunde. Sie sind für etwa 80 Minuten ausgerichtet und setzen sich aus den folgenden drei Bausteinen zusammen (vgl. Tab. 1):

Tab. 1: Stundenaufbau der Doppelstunden Handball

Unterrichtsabschnitt	Zeit	Inhalte / Prinzipien
Aufwärmen	20–25 Minuten	• Physische und psychische Vorbereitung • Ballkoordination • Allgemeine und sportspielgerichtete Spielfähigkeit
Übungsphase	25–30 Minuten	• Einführung und Schulung technisch-taktischer Inhalte • Spielnahe Wettkampfformen
Spielphase Die Spielphase kann auch zweigeteilt werden: • Teil 1 direkt nach dem Aufwärmen • Teil 2 am Ende der Stunde	30–35 Minuten	• Wurfspiele • „Handball"-Spiele • Unterrichtsprinzip „Spielen lassen" • Handlungspositionen verteilen • Taktikvermittlung

Anzumerken ist noch, dass sich die Unterrichtsinhalte hinsichtlich ihres Umfangs an einer fiktiven Durchschnittsklasse der jeweiligen Altersstufe orientieren. Sollte dies zu viel sein, können einzelne Teile in der dritten Sportstunde angeboten oder aber aus einer Doppelstunde zwei gemacht werden. Bei zu wenig Angebot empfiehlt es sich, die Spielphasen zu verlängern.

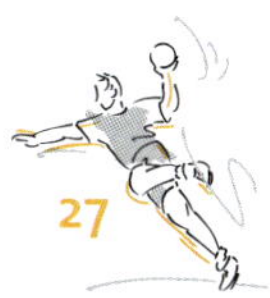

II

Sieben Doppelstunden für die Klassen 5 und 6 (10- bis 12-Jährige)

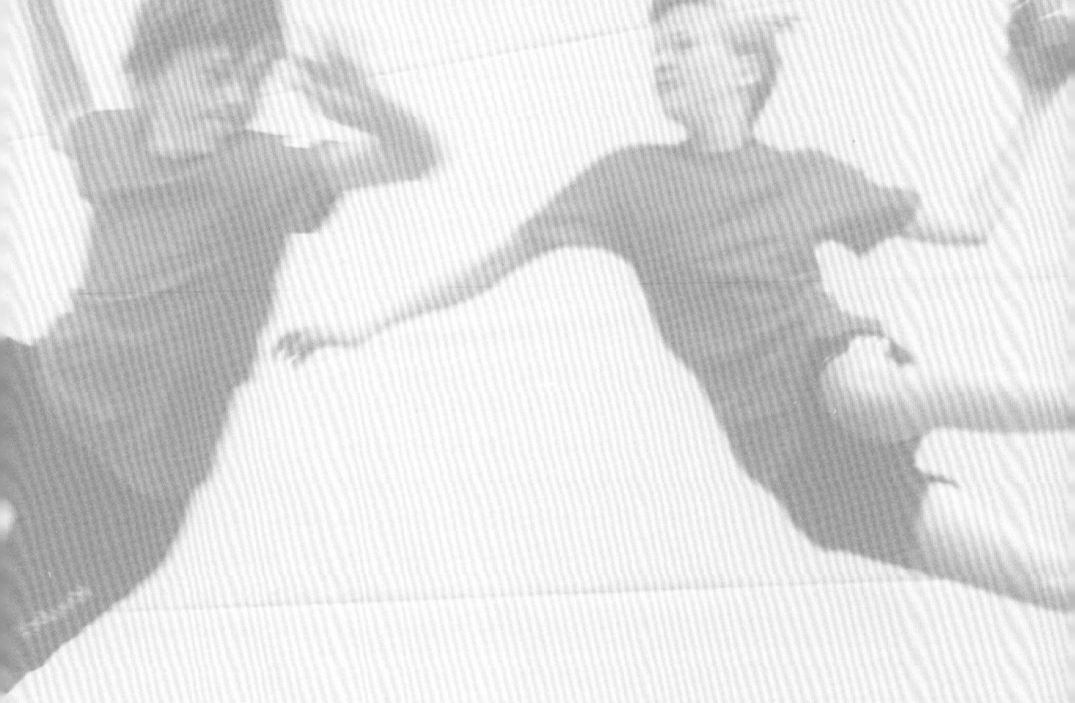

1 Das erste Zielspiel: Handball 3+1

Der Eintritt in eine weiterführende Schule stellt für Kinder einen bedeutsamen Einschnitt in ihrer Schullaufbahn dar, zumal die Anforderungen im Vergleich zur Grundschule in vielfacher Weise höher sind. Im besonderen Fall der Ballspielerziehung bedeutet dies, dass die in den Klassen 1 bis 4 erworbenen Kenntnisse, Fertigkeiten und Fähigkeiten die Grundlage für den Unterricht in Klasse 5 und 6 darstellen. Dies gilt für alle Fächer und Fachdisziplinen und damit selbstverständlich auch für den Sportunterricht.

Mit Blick auf die Vermittlung von Ballspielen ist der Schritt von den sportspielübergreifenden und -gerichteten Inhalten der Grundschule zu den Mannschaftsspielen aus vielerlei Gründen einer der schwierigsten in der Spielerziehung. So kommen zu den bisherigen spielbestimmenden Voraussetzungen, wie den grundlegenden basistaktischen Kompetenzen, den ballkoordinativen Voraussetzungen und den elementaren Fertigkeiten des Prellens sowie des Passens und Fangens (vgl. Kröger & Roth, 2005), viele weitere zentrale Elemente hinzu. Allerdings würde, aufgrund des komplexen Charakters des Handballspiels, das Wettkampfspiel sehr schnell zu Überforderungen der Schüler führen (vgl. Braun, Goriss & König, 2014, S. 25), so dass, analog zu den **Doppelstunden Basketball, Fußball und Volleyball,** in den Klassen 5 und 6 ein vereinfachtes Zielspiel anzustreben ist.

Aufgrund langjähriger Erfahrungen und vielfältiger Erprobungen kann dies nur das Spiel „Handball 3+1" sein, da es mehrere Vorteile bietet:

- Es ist mit dem großen Zielspiel strukturell identisch und ist gegenüber dem offiziellen ersten Zielspiel des Vereinshandballs, dem Handball 4+1 (vgl. DHB, 1998), im Schulsport einfacher zu organisieren.
- Es ist aufgrund der reduzierten Spielerzahl für Kinder übersichtlicher, einzelne Schüler haben größere Entfaltungsmöglichkeiten und sie haben eindeutig mehr Spielanteile.
- Man kann gleichzeitig auf mehreren Spielfeldern unterrichten, wodurch sehr gute Möglichkeiten der Binnendifferenzierung entstehen.

Das Zielspiel der Unterstufe

Handball 3+1 ist – wie der Name sagt – eine Form des Handballs, die mit einem Torwart und drei Feldspielern praktiziert wird. Sollte diese Gleichzahl für bestimmte Klassen oder Teile einer Klasse zu schwierig sein, kann der Torhüter jederzeit im Angriff mitspielen, so dass bei jedem Angriff Überzahl besteht.
Für dieses Spiel reicht im Prinzip ein Hallendrittel bei normal großen Klassen aus, wobei es zwei Organisationsmöglichkeiten gibt:

1. Steht ein normales Hallendrittel zur Verfügung (z. B. mit 15–16 m Breite), dann lassen sich relativ einfach bis zu 3 Querspielfelder nebeneinander organisieren (vgl. Abb. 5, S. 22). Als „Wurfkreis" werden dann entweder Baustellenband (sehr gut sichtbar!) oder aber Gummiplatten verwendet, was in beiden Fällen zu einer geraden Wurflinie führt.

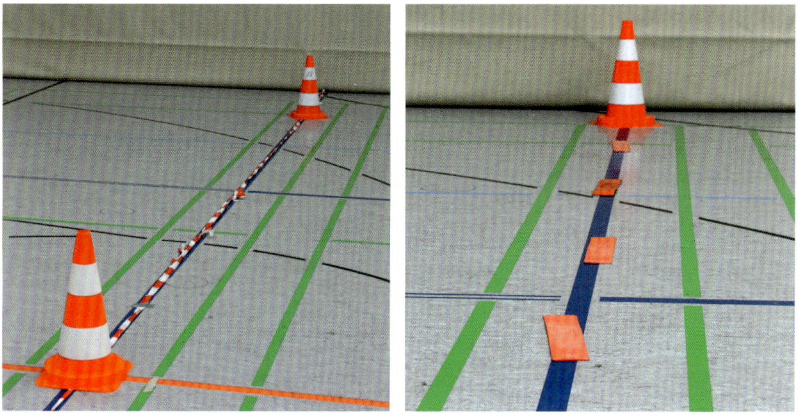

Bild 3 und 4: Baustellenband und Gummiplatten als Wurflinienmarkierung

2. Es besteht aber auch die Möglichkeit, zwei Spielfelder längs in die Halle zu legen (vgl. Abb. 6, S. 23). In diesem Fall sind die Spielfelder um mehr als 5 m länger, so dass auch ein schnelles Spiel nach vorne möglich wird.

Im Idealfall werden im Unterricht diese beiden Spielfeldkonstruktionen kombiniert, indem zunächst eine Einführung mit Querspielfeldern erfolgt, um anschließend das Zielspiel auf Längsspielfeldern durchzuführen.
Unabhängig von diesen organisatorischen Überlegungen weist Handball 3+1 zwei zentrale Merkmale auf, die für die Vermittlung dieses Spiels im Sportunterricht in den Mittelpunkt der Überlegungen gerückt werden müssen:

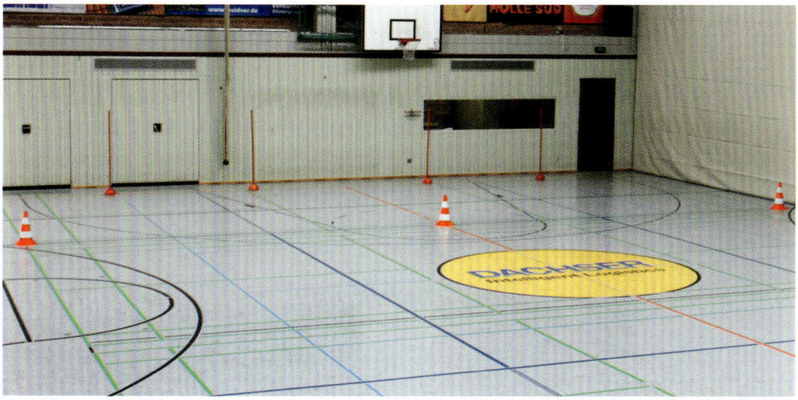

Bild 5: Längsspielfelder

- Das Problem **Torwart**. Handball zeichnet sich nun einmal auch dadurch aus, dass es mit einem Torhüter gespielt wird. Folglich ist es eine wichtige Überlegung, diese Spielposition auch zum Thema der Vermittlung zu machen; man darf auf keinen Fall den Irrtum begehen und so tun, als ob sich diese Aufgabe von alleine erledigt. In der **Doppelstunde Handball** wird dies insofern berücksichtigt, als die Aufgabe des Torhüters eine zentrale Rolle in der Doppelstunde 5 spielt und in den Doppelstunden 6 und 7 fortgesetzt wird.
- Das Problem **Körperkontakt**. Räumliche Enge auf dem Spielfeld, aber auch die speziellen Regeln führen im Handball dazu, dass es zu sehr vielen Körperkontakten kommt. Dies wiederum hat zur Konsequenz, dass viele Angreiferaktionen durch ungeschickte oder plumpe Aktionen der Verteidiger gestört werden und es zu unnötigen Fouls kommt. Für die Vermittlung von Handball bedeutet dies, dass den Themen Körperkontakt und Verhalten zum Gegenspieler von Beginn an Aufmerksamkeit zu schenken ist; in der **Doppelstunde Handball** geschieht dies durch eine entsprechende Variation des Spielfeldes, die im folgenden Abschnitt beschrieben wird.

Die Unterrichtsreihe

Zunächst ist festzuhalten, dass die Spielreihe so konzipiert ist, dass sie die Schüler auf dem Niveau abholt, das sie von der Grundschule mitbringen, und ihnen darauf aufbauend einen Einstieg anbietet, der deutlich macht, dass es in den folgenden Stunden um Handball gehen wird. Für dieses Ziel sind im Rahmen einer Unterrichtsreihe zwei miteinander verbundene Schritte notwendig:

1. Schritt: Parteiballspiele

Da sich fünfte Klassen in der Regel aus Kindern verschiedener Grundschulen zusammensetzen, ist davon auszugehen, dass auch bezüglich der Ballspielerziehung Heterogenität vorliegt. Insofern ist es notwendig, die ersten Unterrichtsstunden noch mit dem Ziel des sportspielgerichteten Lernens durchzuführen. Hierfür werden Spielformen gewählt, in denen *basistaktische Kompetenzen* wie *Abschlussmöglichkeit nutzen, Anbieten und Orientieren* oder *Überzahl herausspielen* sowie ihre defensiven Gegenstücke im Mittelpunkt stehen. Entscheidend ist hierbei, dass den Kindern deutlich wird, dass Sportspiele defensive und offensive Aufgaben haben. Dies sollte auch in Unterrichtsgesprächen thematisiert werden.
Den methodischen Prinzipien der Ballschule entsprechend werden diese Spielformen nicht nach methodischen Kriterien angeordnet, sondern als Gelegenheiten des Spielen lassens angeboten. Konkret sieht dieser Schritt folgendermaßen aus:

- Doppelstunde 1/2: Wandball und Variationen
- Doppelstunde 3: Mattenball
- Doppelstunde 4: Reifenball

Alle Spielformen, die im Mittelpunkt einer Stunde stehen, werden entsprechend den Überlegungen in Kapitel I durch angemessene Ballkoordinationsprogramme sowie spezifische Fertigkeitselemente, z. B. den Schlagwurf, ergänzt.

2. Schritt: Spielreihe Aufsetzerball (König, 1999, S. 98)

Der zweite Schritt besteht darin, die Idee der Wurfspiele (König, 2002) aufzugreifen und in die seit vielen Jahren bewährte Spielreihe „Aufsetzerhandball“ (Hoffmann, 2009; König & Eisele, 2002) einzubauen. Diese führt, von einfachen Wurfspielen ausgehend, über Variationen des Spielfeldes und der Spielerzahl zum Handball 3+1. Hierbei ist die erste und zentrale methodische Steuergröße die gezielte Veränderung des Spielfeldes, die mit Blick auf die beiden oben beschriebenen Probleme – Torwartposition und Körperkontakt – konzipiert wurde (vgl. Abb. 9).

Im Einzelnen sind mit dieser methodischen Maßnahme die folgenden Ziele verbunden:

- Doppelstunde 5: Mit Blick auf die technischen Elemente ist im Handball an erster Stelle der Torwurf zu nennen. Ihn gilt es von Anfang an zu integrieren (vgl. DHB, 1998). Hierzu werden in der Spielreihe „Aufsetzerball“ Wurfspiele angeboten, die in Spielformen organisiert werden, die den Schülern einen möglichst ungehinderten Wurf aus der Bewegung ermöglichen, bei dem sie durch keinen direkten Gegnerkontakt gestört werden.

Ebene 1 Spielfeld ohne Gegenspieler	**Ebene 2** Spielfeld mit „Indianer“
Ebene 3 Vereinfachtes Spielfeld (Gleichzahl)	**Ebene 4** Verkleinertes Spielfeld (Gleichzahl)

Abb. 9: Die Variation des Spielfeldes in der Spielreihe „Aufsetzerball“

Diese Wurfspiele bieten sich allerdings auch dazu an, praktisch parallel eine erste Einführung in das Torwartspiel zu realisieren, was sich aus dem Dietrichschen Prinzip „Torwurf – Torwurfabwehr“ ergibt. Wird dies analog zu der in Abbildung 5 dargestellten Spielfeldkonstruktion organisiert, wird jeder Schüler von selbst in die Rolle des Torwarts schlüpfen müssen. Da dies automatisch passiert, ist davon auszugehen, dass dies letztendlich keine Schwierigkeiten macht.

- Doppelstunde 6: Auf der nächsten Stufe, die mit einfachen Spielfeldern und Verteidigern operiert, geht es darum, das in Stufe 1 Gelernte mit Gegnerbehinderung („gegnerischer Spieler im eigenen Spielfeld“) umzusetzen. Hierzu werden jeweils ein oder zwei Verteidiger („Indianer“) im Feld postiert; sie haben die Aufgabe Pässe abzufangen. Entscheidend ist, dass bereits auf dieser Stufe deutlich gemacht wird, dass Verteidiger die Aufgabe haben, Bälle zu erobern und nicht dafür verantwortlich sind, die Angreifer zu foulen. Insofern bietet es sich an, die Regel 8 „Verhalten zum Gegner“ bereits hier, auch in Unterrichtsgesprächen, zu thematisieren.
- Doppelstunde 7: Theoretisch kann die in der Doppelstunde 6 realisierte Spielform auch die Endstufe einer Einführung in das Handballspiel sein. Es ist ein durchaus akzeptables Resultat, wenn eine Klasse, die unter Umständen mit wenig Voraussetzungen diese Spielreihe durchlaufen hat, am Ende Handball 3+1 in einem vereinfachten Spielfeld spielen kann. In diesem Fall wäre der letzte Schritt in einer weiteren Unterrichtseinheit oder ggf. in der nächsten Klasse umzusetzen. Dennoch ist es das ursprüngliche Ziel, Handball 3+1 auf dem in Abb. 8 (vgl. S. 24)

dargestellten Spielfeld zu praktizieren, was hinsichtlich der Komplexität folgendes bedeutet:

- Die Mannschaften agieren jetzt in Gleichzahl, wobei das verteidigende Team ausschließlich die Manndeckung praktizieren sollte; dies kennen die Schüler von einfachen Parteiballspielen aus dem Sportspielunterricht der Grundschule.
- Im Angriff sollte es ausschließlich darum gehen, taktisch frei zu handeln, das heißt, die erlernten basistaktischen Kompetenzen im Spiel 3 gegen 3 umzusetzen. Es gibt (noch) keine Positionen oder taktische Handlungen.

Mit diesem Weg werden mehrere aktuelle sportspieldidaktische Forderungen eingelöst:

- Es ist einerseits möglich, auch mit größeren Gruppen sehr viel und intensiv zu spielen, um so dem Prinzip „Spielen lernt man nur durch Spielen“ Rechnung zu tragen.
- Die genannten Spielstufen werden (vgl. Doppelstunden 2–7) durch gezielte Übungsformen ergänzt, um das Prinzip „Spielen vor Spielen und Üben“ zu realisieren.
- Der Übergang vom sportspielübergreifenden bzw. sportspielgerichteten zum sportspielspezifischen Lernen verläuft mehr oder weniger fließend.

Spielregeln

Sportspiele zeichnen sich vor allem auch dadurch aus, dass sie einen spezifischen Regelkanon haben. Hierbei ist zu beachten, dass es im Schulsport niemals darum gehen kann, auch nur annähernd die große Anzahl der im Wettkampfsport gültigen Regeln eines Sportspiels umzusetzen. Insofern sollte auch im Handball dem von BRAUN

Tab. 2: Regeln für die Spielreihe Aufsetzerball

Spielreihe	Notwendige Regeln	Anmerkungen
Stufe 1	• Torregel	Ball muss in ganzem Umfang über der Torlinie sein
	• Torwurfregel	Wurf muss vor der Wurflinie ausgeführt werden
	• Einwurf- bzw. Anspielregel	Ein Fuß muss auf der Linie stehen
Stufe 2	• Foulregel	Der Ball darf gespielt, der Gegner hingegen nur von vorne berührt werden
	• Schritte-Regel	Es sind 3 ganze Schritte erlaubt
Stufe 3	• Torwartregel	Der Torwart darf als Feldspieler mitwirken

(1999) im Basketball eingeschlagenen Weg, einen stark vereinfachten Regelkanon für den Sportunterricht vorzugeben, gefolgt werden. Auch hierfür bietet die gestufte Spielreihe gute Ansatzmöglichkeiten, welche in Tabelle 2 im Überblick dargestellt werden.
Diese Regeln gilt es mit den Schülern explizit zu thematisieren, an ihre Umsetzung ist letztendlich auch das Gelingen einer Spielform und damit auch der Lernerfolg und die Spielfreude gebunden.

Tipp: In verschiedenen Unterrichtsversuchen hat es sich als sehr sinnvoll erwiesen die jeweils besprochenen Regeln von einzelnen Schülern verschriften zu lassen; dies kann in Form einer Wandzeitung, eines eigenen Regelblattes bzw. Regelheftes oder kleiner „Merke!"-Zettelchen erfolgen.

Hinweise zur Unterrichtsgestaltung

Im ersten Kapitel „Handball unterrichten" wurde deutlich gemacht, dass Spielvermittlung inhaltlich betrachtet grundsätzlich aus drei Säulen besteht. Diese sollen im Folgenden für die ersten sieben Doppelstunden konkretisiert werden:

- Das **spielerisch-taktische Lernen** erfolgt auch auf der Ebene der Einführung der großen Sportspiele (sportspielspezifisches Lernen, vgl. Abb. 2, S. 18) durch „reines und pures" Spielen. Für die Lehrkräfte bedeutet dies, dass sie gemäß dem Prinzip des impliziten Lernens den Kindern die Möglichkeit geben müssen viel zu spielen, ohne sie ständig zu unterbrechen. Aus diesem Grund ist für alle Doppelstunden typisch, dass die Spielphasen etwa ein Drittel der Unterrichtszeit in Anspruch nehmen. Unter Umständen können – gemäß dem Unterrichtsprinzip „Teaching Games for Understanding" – einzelne Spielsituationen auch mit den Schülern besprochen bzw. analysiert werden. Hiervon verspricht man sich die Vermittlung von taktischen Kenntnissen.
  Reines Spielen ermöglicht darüber hinaus zwei Maßnahmen der Qualitätssteigerung:
  1. Aufgrund der Spielfeldorganisation mit 3 Querspielfeldern besteht eine nahezu optimale Möglichkeit zur Differenzierung, da letztendlich auf jedem Spielfeld – je nach Können – unterschiedlich schwierige Spiele, gesteuert über das Überzahlverhältnis, angeboten werden können. Selbstverständlich erfordert dies eine entsprechende Einteilung der Mannschaften durch die Lehrkraft.
  2. Spielen kann auch immer wieder in Turnierform organisiert werden. Es ist deshalb wünschenswert, dass zumindest ein

Teil der Spielphasen auch so angeboten wird. Hierbei sollten folgende Punkte beachtet werden:

- Organisationsform immer wiederholen, d. h. der Spielfeldwechsel muss sich automatisieren.
- Schüler als Organisatoren einsetzen (vgl. Kurz, 1990).
- Von Schülern Mitarbeit einfordern, indem sie z. B. die Spielergebnisse selbstständig in einen Plan eintragen.

Sollte darüber hinaus Zeit für eine achte Doppelstunde sein, empfiehlt es sich, diese als abschließende Turnierstunde (vgl. auch Doppelstunde 14) zu verwenden; sie wird aber in diesem Buch nicht extra ausgeführt.

- Das **fähigkeitsorientierte Lernen** oder die Ballkoordinationsschulung sollte ebenfalls etwa ein Drittel der Unterrichtszeit in Anspruch nehmen. Dies wird in den Doppelstunden schwerpunktmäßig im Aufwärmprogramm realisiert, wobei Prellen sowie Passen und Fangen als einfache Fertigkeiten im Mittelpunkt stehen. Dies ist im Übrigen kein Widerspruch zur Tatsache, dass Prellen im Handball nahezu keine Rolle spielt. Prellen soll das Ballgefühl, den Umgang mit dem Spielgerät verbessern. Methodisch wird hierbei mit dem Ansatz von Neumaier (2006) gearbeitet, d. h. die Elementarfertigkeit Prellen wird unter verschiedensten analysatorischen Anforderungen und unter mannigfaltigen Druckbedingungen geübt.

- Das **fertigkeitsorientierte Lernen** oder das Techniktraining wird inhaltlich auf Passen – Fangen, den Schlagwurf sowie auf die elementare defensive Fertigkeit des Ball herausspielens und Abfangens reduziert. Hierbei spielt die Überlegung den Schlagwurf ausschließlich als Aufsetzer auszuführen eine zentrale Rolle, da dieses Vorgehen eine bessere Technik zur Folge hat: Bogenlampen, etwa beim Werfen nach oben, werden vermieden. Lehrkräfte müssen deshalb bedenken, dass Wurfspiele grundsätzlich mit Würfen nach unten zu organisieren sind.

Somit kann für die Planung einer Unterrichtseinheit Handball in den Klassen 5 und 6 abschließend festgehalten werden, dass ...

... Handball 3+1 das Zielspiel darstellt,
... dieses über Parteiball- und Kleine Sportspiele erarbeitet wird,
... ein Minimum an Regeln eingeführt wird und
... reines Spielen den roten Faden im gesamten Unterrichtsprozess darstellt.

2 Doppelstunde 1: Ballkoordination und Wandball

Wichtig ist von Anfang an, dass die Kinder dort abgeholt werden, wo sie ankommen – in anderen Worten: Der Einstieg in die Vermittlung von Handball bzw. in den Sportspielvermittlungsprozess insgesamt muss auf dem aufbauen, was die Schüler in der Grundschule gelernt und erfahren haben.
Geht man deshalb an dieser Stelle davon aus, dass die große Mehrzahl der Schüler der fünften Klassen Bausteinsituationen und Bausteinspiele (vgl. ROTH, MEMMERT & SCHUBERT, 2006, S. 22 f.) in den Bereichen des sportspielübergreifenden sowie des sportspielgerichteten Lernens erfahren haben und in den dort zu lösenden Situationen handeln können, dann ist es realistisch, in der ersten Doppel-

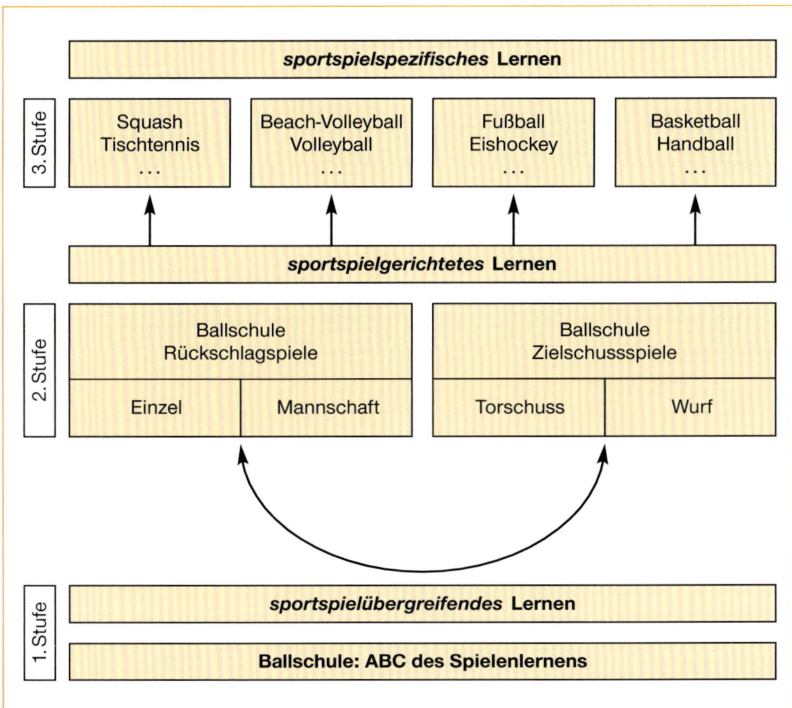

Abb. 10: Der Sportspielzugang in der Schule (KRÖGER & ROTH, 2006, S. 10)

stunde verschiedene Spielformen zur Schulung des Zusammenspiels und zum Sammeln erster Spielerfahrungen anzubieten.
Ergänzend hierzu ist mit Blick auf die derzeit breit akzeptierte Konzeption zur Vermittlung von Spielen festzuhalten, dass Handball spielstrukturell auf den Wurfspielen aufbaut (vgl. Abb. 10, S. 39) und folglich deren taktische Inhalte auch den Beginn des sportspielspezifischen Vermittlungsprozesses bestimmen.
Orientiert man sich deshalb an den Anforderungen der Wurfspiele (vgl. Roth, Memmert & Schubert, 2006, S. 38), dann wird klar, dass die Wurfspiele zu großen Teilen von taktischen Anforderungen leben, Koordinations- und Technikbausteine dagegen eine eher untergeordnete Rolle spielen (vgl. Abb. 11).

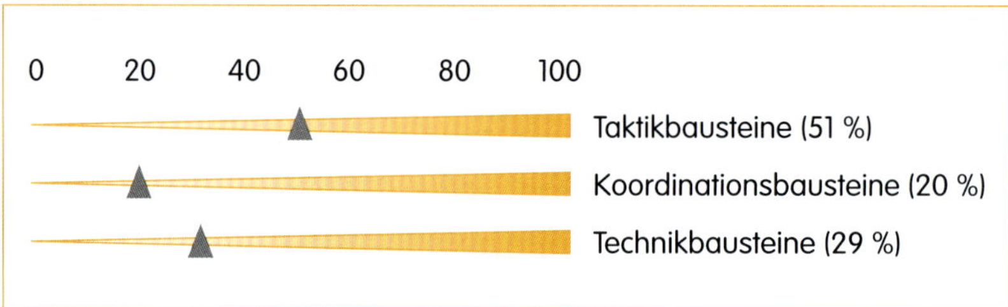

Abb. 11: Die Bedeutung von Taktik-, Koordinations- und Technikbausteinen für die Wurfspiele (Roth, Memmert & Schubert, 2006, S. 38)

Innerhalb der Taktikbausteine haben Untersuchungen von Roth, Memmert und Schubert (2006) ergeben, dass die Anforderungen

- *Überzahl kollektiv,*
- *Überzahl individuell herausspielen* sowie
- einen *Ballbesitz individuell sichern*

wohl die wichtigsten Kompetenzen darstellen, so dass diese Anforderungsstruktur einen zentralen Ansatzpunkt für den Einstieg in die sportspielspezifische Ebene der Vermittlung darstellt.
Für die **Doppelstunde Handball** hat sich aus diesen Überlegungen ergeben, das *Überzahl herausspielen* als einen ersten Schwerpunkt zu wählen. Folglich beginnt die Doppelstunde 1 mit einer Spielform, dem Wandball, die einerseits genau diesen Schwerpunkt bzw. diesen Übergang thematisiert, andererseits aber auch schon eine gewisse Affinität mit dem Handballspiel aufweist; dies zeigt sich etwa an Elementen, wie dem schnellen Umschalten nach Ballsicherung und -gewinn (vgl. hierzu auch die Doppelstunden 18 und 19) oder aber auch dem gezielten Balltransport in Richtung eines Zieles.

Auch der in Abbildung 11 dargestellten Bedeutung der Koordinations- und Technikbausteine wird in Spiel- und Übungsformen Rechnung getragen:

- Bereits im Aufwärmen werden die breiten koordinativen Anforderungen des Handballs durch spezifische Bewegungsaufgaben und Übungen thematisiert, indem die einfache Fertigkeit des Prellens unter vielfältigen Veränderungen der verschiedenen Druckbedingungen variiert wird. Zu empfehlen ist hierbei, dass die Schüler ständig versuchen, bei diesen Übungen besser zu werden, also mehr Wiederholungen zu schaffen.

Tipp: In vielen Unterrichtsstunden hat sich gezeigt, dass die Motivation der Schüler bei solchen Ballkoordinationsaufgaben durch das Prinzip „Besser werden" gesteigert werden kann. Hierbei geht es ausschließlich darum, sich selber zu verbessern und nicht um einen Vergleich mit den anderen.

Folgendes Vorgehen wird daher empfohlen:

- Üben einer Koordinationsaufgabe mit Zählen der Wiederholungen.
- Zweiter Durchgang, erneut zählen. Ziel: Jeder soll „besser werden". Danach eventuell dritter Durchgang mit der gleichen Zielsetzung.
- Anschließend wird bei Übungen, die mit einer Hand ausgeführt werden, mit der schwächeren Hand geübt. Zielsetzungen vorgeben, z. B. „Anzahl = Wiederholungen der starken Hand – 3".
- Ebenfalls einen zweiten oder dritten Durchgang anschließen, in dem der erste Wert übertroffen werden soll.

- Mit Blick auf das Lehren technischer Elemente wird mit Beginn der Doppelstunde 1 ebenfalls ein entscheidender Schritt vollzogen: Standen in der Grundschule nahezu ausschließlich Bausteinübungen im Mittelpunkt der Unterrichts, geht es jetzt konkret um Passen und Fangen in handballähnlichen Spiel- und Übungssituationen.

Insofern stellt die Doppelstunde 1 den ersten Schritt vom sportspielgerichteten zum sportspielspezifischen Lernen dar, was auf allen drei Inhaltsebenen realisiert wird.

Stundenverlauf Doppelstunde 1: Wandball

Stundenabschnitte und Unterrichtsinhalte	Organisatorische Hinweise
Aufwärmphase	
Übung 1: Die Schüler laufen kreuz und quer in der Halle und prellen.	Jeder Schüler hat einen Ball.
Varianten: • Laufen: vorwärts, rückwärts, seitwärts • Prellen: rechts, links, im Wechsel	Auf die Technik des Prellens achten: hüfthohes Prellen, Ball ansaugen, Hand an den Ball anpassen.
Übung 2: Prellen mit Zusatzaufgaben: • 2x in der Vorwärtsbewegung prellen, stehen bleiben und den Ball hinter dem Körper herumprellen, 2x in der Vorwärtsbewegung prellen, usw. (1) • 2x in der Vorwärtsbewegung prellen, stehen bleiben, den Ball von hinten nach vorne durch die Beine prellen (wichtig: beide Füße bleiben am Boden), usw. (2) • 2x rechts in der Vorwärtsbewegung prellen, stehenbleiben, den Ball von rechts nach links durch die Beine prellen, dann 2x mit links in der Vorwärtsbewegung prellen, usw. (3)	Empfohlen werden jeweils 2 oder 3 Durchgänge nach dem Prinzip „Besser werden“ (vgl. S. 41). Pro Durchgang 45 Sekunden veranschlagen.
Übung 3: Koordinationsübungen mit Ball am Ort: • Prellen am Ort und im Stehen – Hinsetzen, aufstehen – In Kniestand gehen, aufstehen – In Bauchlage gehen, aufstehen – In Schneidersitz gehen, aufstehen – In Rückenlage gehen, aufstehen • Prellen am Ort und um den Körper herum, in beide Richtungen – im Stehen – im Kniestand – im Strecksitz (Beine dürfen leicht gebeugt werden) – im Schneidersitz	Die Schüler verteilen sich gleichmäßig in der Halle, alle mit Blick zum Lehrer. Der Lehrer demonstriert und die Schüler machen gleichzeitig mit oder ein Schüler demonstriert und alle anderen Schüler machen gleichzeitig mit. Pro Durchgang 45 sec. 3–4 Durchgänge.

Stundenabschnitte und Unterrichtsinhalte	Organisatorische Hinweise
Übung 4: Prellen im Strecksitz 4 • Zum Erlernen der Grundübung sollten die Schüler zuerst mehrmals prellen und dann das gestreckte Bein unter dem Ball hindurch bewegen. Anschließend wird die Anzahl der Prellbewegungen reduziert.	Wenn möglich, diese Übung in den folgenden Stunden immer wieder kurz üben lassen und dabei steigern. Die Schüler sollen versuchen besser zu werden, d. h. immer weniger Fehler zu machen.
• Nach jedem Prellen geht das gestreckte rechte Bein unter dem Ball durch.	Ziel: 20 bis 25 Wiederholungen ohne Fehler.
• Nach dem Prellen das rechte Bein unter dem Ball hindurch abspreizen, dann das linke Bein nach dem nächsten Prellen, usw.	Ziel: 20 bis 25 Wiederholungen ohne Fehler.
Spielphase	
Spielform „Jägerball“ 2 Jäger mit Markierungshemd, der Rest der Schüler sind Hasen ohne Markierung. Die Jäger versuchen die Hasen abzuwerfen. Ein Jäger mit Ball darf max. 3 Schritte laufen, danach muss er abspielen oder werfen (ohne Prellen, ohne Tippen). Wird ein Hase getroffen, nimmt er sich ein Band und wird auch zum Jäger. Es wird so lange gespielt bis alle Hasen getroffen sind. Ziel ist die Förderung des Zusammenspiels, wobei vor dem ersten Durchgang nur die Regeln erklärt werden; nach dem ersten Durchgang sollte korrigiert und ggf. auch ein funktionierendes Spiel demonstriert werden.	Die Klasse wird in mehrere Gruppen eingeteilt. 5 Pro Gruppe 8–12 Schüler. Die Halle (1/3 Halle) wird quer in 2 (3) Spielfelder geteilt. Pro Gruppe ein Spielfeld. Es sollte ein weicher Ball verwendet werden, z. B. ein kleiner Gymnastikball oder ein Beach-Handball. 3–4 Durchgänge. Anweisungen und Korrektur. Hinweise: • Die Schüler sollen ohne Ball den Hasen verfolgen. • Sie sollen sich so lange den Ball zupassen, bis ein Jäger relativ nah (ca. 1,5 Meter) am Hasen steht. • Nur in einer solchen Situation sollte der Hase abgeworfen werden.

Stundenabschnitte und Unterrichtsinhalte	Organisatorische Hinweise
Spiel- und Übungsphase	
Spielform „Wandball“	Jeder Schüler hat einen Ball, etwa 10–15 Wiederholungen.
• **Vorübung:** Die Schüler prellen von Wand zu Wand. Sie spielen einen Aufsetzer an die Wand und fangen den zurückkommenden Ball. Variante: A prellt mit dem Ball von Wand zu Wand, B läuft neben ihm her. A spielt einen Aufsetzer an die Wand und B fängt den zurückkommenden Ball.	Zweiergruppen mit einem Ball, 10–16 Wiederholungen.
• **Wandball:** 2 Mannschaften spielen gegeneinander. Die ganze Querseite ist das Tor. Ein Punkt (Tor) kann erzielt werden, indem ein Schüler den Ball als Aufsetzer an die Wand spielt und der Ball anschließend auf den Boden fällt. Fängt ein Abwehrspieler den zurückkommenden Ball, so ist es kein Punkt (Tor). Weitere Regeln: Es wird ohne Prellen bzw. Tippen gespielt; es dürfen max. 3 Schritte mit Ball ausgeführt werden. 6	Organisatorische Vorgaben: • Ein Drittel Halle mit einem Spielfeld: Spiel 6 gegen 6. • Ein Drittel Halle mit 2 Spielfeldern (2 längs oder 3 quer): 2x 4 gegen 4. • Spielzeit ca. 5 min. • Dann in Turnierform (vgl. Anhang) wechseln, hierbei mindestens 4 Spiele für jede Mannschaft garantieren.

3 Doppelstunde 2: Einführung Schlagwurf

In dieser Doppelstunde wird die zentrale Technik des Schlagwurfs erlernt. Dies ist gleichzeitig die einzige gezielte Technikeinführung in der Unterstufe. Andere wichtige Techniken, wie z. B. der Sprungwurf, werden nicht über klassische Übungsreihen thematisiert, sondern als mögliche Varianten zur Differenzierung einzelner Übungsbausteine angeboten.
Der Schlagwurf ist für das Handballspiel ein sehr wichtiges technisches Element, da er sowohl zum Passspiel wie auch als Torwurf eingesetzt wird. Er wird im Handball – im Gegensatz zum Ballweitwurf – ohne langen Anlauf ausgeführt, da dies Spielsituationen häufig nicht zulassen. In der Praxis erfolgen meist nur ein oder zwei Auftaktschritte vor dem Wurf (Rechtshänder: rechts – links, und umgekehrt), da für drei Anlaufschritte in der Regel kein Platz bzw. keine Zeit vorhanden ist. Wichtig ist bei Anfängern vor allem aber ein „langer Arm“ beim Wurf. Bei der methodischen Reihe zur Einführung des Schlagwurfes wird deshalb auf den „langen Arm“

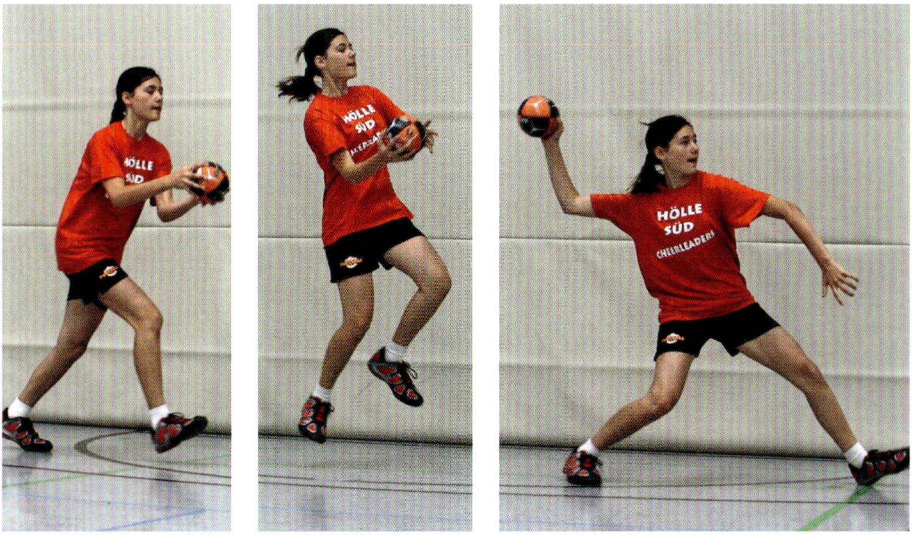

Bilder 6–8: Bildreihe zum Schlagwurf

und auf die Auftaktschritte besonderen Wert gelegt. Hier muss ständig korrigiert werden: „langer Arm, Ball über Schulterhöhe!“

Inhaltlich stehen auch in dieser Doppelstunde zunächst Übungsformen zur Ballkoordination im Mittelpunkt. Neben dem Aufwärmeffekt soll dadurch insbesondere ein sicherer Umgang mit dem Ball erlernt werden.

Bei der Einführung des Schlagwurfs dienen die beiden kleinen Spiele „Hütchen von der Bank“ und „Sautreiben“ dazu, dass die Schüler den Schlagwurf als Zielwurf anwenden. Bei diesen Spielen ist unbedingt auf das Einhalten der Abwurflinie zu achten, was im Handball grundsätzlich eine entscheidende Regel darstellt (vgl. Abschnitt 1), aber auch für eine regelgerechte Durchführung dieser Spiele sorgt.

Außerdem sollte der Lehrer immer wieder auf die richtige Ausgangstellung (Rechtshänder haben das linke Bein vorne) hinweisen.

Als Abschlussspiel wird wieder Wandball gespielt. Hier werden mehrere Variationen aufgezeigt. Man sollte diese Variationen über mehrere Stunden verteilen bzw. wiederholen, d. h. z. B. auch in den Einzelstunden oder in Turnstunden als Abschluss anwenden.

Stundenverlauf Doppelstunde 2: Einführung Schlagwurf

Stundenabschnitte und Unterrichtsinhalte	Organisatorische Hinweise
Aufwärmphase	
Übung (vgl. Abb. 12)**:** Die Schüler prellen im Slalom um die Bänke. Vorsicht „Gegenverkehr“! Der Rückweg verläuft geradeaus an den Bänken vorbei **Varianten:** • Dto. im Sidestep (Blick immer nach vorne, also nach rechts, dann vorwärts, dann nach links prellen…). **7 a/b/c** • Dto. rückwärts laufen und prellen. • Dto. vorwärts, wenn ein Partner entgegenkommt, mit den Händen abklatschen. Es gibt keine festen Paare, jeder Schüler stellt sich dort an, wo einer fehlt; so kann die Übung ununterbrochen weiterlaufen. • Dto. mit den Händen erst oben, dann unten abklatschen. • Prellend über die Bänke springen (die Bänke dürfen nicht berührt werden). Ggf. beim Überspringen auf der Bank prellen.	5–6 Langbänke im Abstand von ca. 5 m aufstellen. Jeder Schüler hat einen Ball. 2 Gruppen stellen sich an den Enden der ersten Langbank hintereinander auf. Pro Übungsvariante 2 bis 3 Durchgänge. 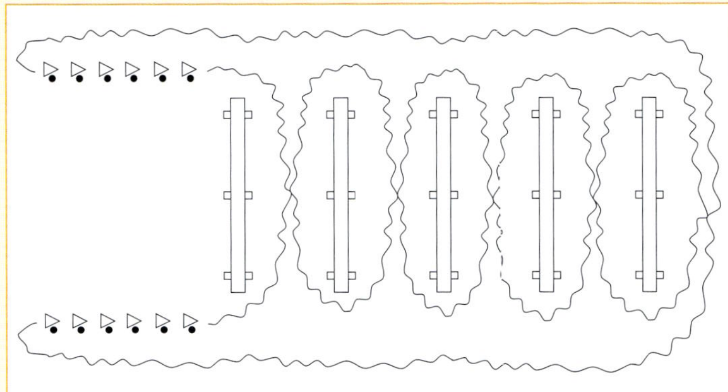 Abb. 12: Aufwärmen mit Langbänken
Spiel- oder Übungsphase	
Einführung des Schlagwurfs **Übungsform 1:** Schlagwurfpässe mit folgender Ausgangsstellung für Rechtshänder: Die Schüler stehen in leichter Schrittstellung (linkes Bein vorne), halten den gestreckten rechten Arm mit Ball nach oben. **8 a/b**	Zweiergruppen, pro Gruppe ein Ball. Gassenaufstellung. Jeweils 15 Wiederholungen pro Schüler.

Stundenabschnitte und Unterrichtsinhalte	Organisatorische Hinweise

Übungsvarianten:

- Die Schüler spielen aus dieser Stellung dem Partner einen Aufsetzerpass zu (der Ball soll ca. nach $^2/_3$ des Abstandes auf dem Boden aufsetzen).
- Aus geschlossener Fußstellung nun mit zwei Angehschritten (rechts, links) einen Aufsetzerpass spielen (Arm ist in der Ausgangsstellung gestreckt oben).
- Dto. der Arm wird beim Angehen gestreckt nach hinten genommen (Hand mit Ball ist über Schulterhöhe).
- Dto. 2 Anlaufschritte ausführen, d. h. alles etwas flüssiger und schneller.
- Dto. jetzt direkte Pässe spielen.
- „Wettkampf": welches Paar schafft 20 Pässe ohne Fehler?
- Dto. den Abstand vergrößern.
- Dto. den Abstand nochmals vergrößern.

Die Pässe müssen ohne Bodenkontakt gefangen werden.
Wer es geschafft hat, setzt sich.
Den „Wettkampf" beenden, wenn die Hälfte der Schüler es geschafft hat.

Spielform 1: „Hütchen von der Bank" (vgl. Abb. 13)

Auf Kommando werfen die Schüler auf die Hütchen. Nach dem Wurf holt jeder Schüler irgendeinen Ball und wirft wieder auf die Hütchen.

Spielende: alle Hütchen wurden von den Bänken heruntergeworfen.

Auswertung: Hütchen, die links liegen, hat die Mannschaft rechts getroffen und umgekehrt.

2–3 Langbänke werden nebeneinander gestellt. Viele Hütchen werden auf die Bänke gestellt (ungerade Anzahl).
2 Mannschaften, jeder Schüler hat einen Ball. Die Schüler einer Mannschaft stehen jeweils auf einer Linie nebeneinander im Abstand von ca. 5–7 m von den Bänken.

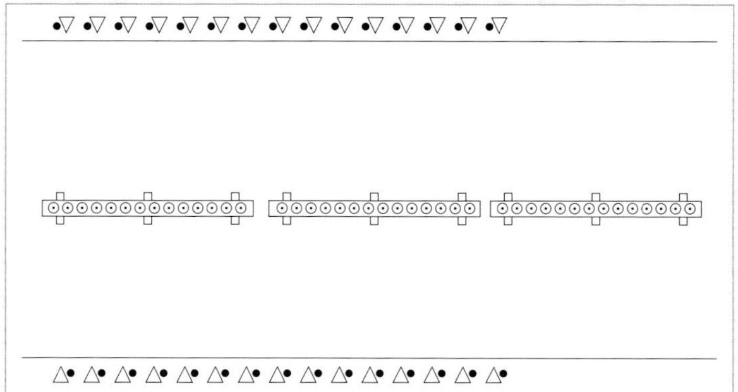

Abb. 13: Hütchen von der Bank

Stundenabschnitte und Unterrichtsinhalte	Organisatorische Hinweise
Spielform 2: „Sautreiben“ (vgl. Abb.14) Auf Kommando werfen die Schüler auf die Medizinbälle und versuchen die Medizinbälle über die Linien der anderen Mannschaften zu treiben und die eigene Linie zu schützen. Nach jedem Wurf holen die Schüler sich irgendeinen anderen Ball und werfen erneut von der eigenen Linie. Hinweis: langer Arm und linkes Bein vorne (Rechtshänder). Es wird so lange gespielt bis alle Medizinbälle aus dem Feld getrieben wurden. Rollt ein Medizinball aus dem Feld, bleibt er außerhalb und die Mannschaft, über deren Linie er gerollt ist, erhält einen Strafpunkt. Nach einem Spiel wechseln die Mannschaften um eine Linie nach links. Es werden vier Durchgänge gespielt, damit jede Mannschaft auf jeder Seite einmal gespielt hat (Wege zum Ball holen sind unterschiedlich weit). Auswertung: Alle Durchgänge werden zusammengezählt, welche Mannschaft hat am wenigsten Medizinbälle über ihre Linie bekommen?	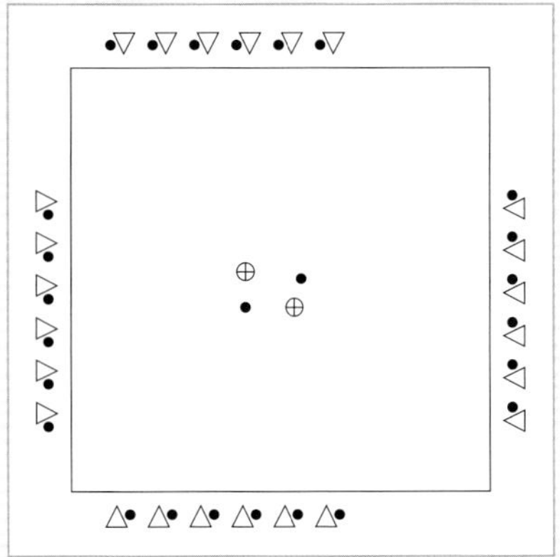 Spielfeld: halbes VB-Feld. 4 Mannschaften, jeder Schüler hat einen Ball. An jeder Seite des VB-Feldes steht eine Mannschaft. In der Mitte des Feldes liegen vier (verschiedene) Medizinbälle. Medizinbälle: 2-kg- bzw. 3-kg-Bälle sind die Schweine, die 1-kg-Bälle die Ferkel. **Abb. 14: Sautreiben**

Spielphase

Stundenabschnitte und Unterrichtsinhalte	Organisatorische Hinweise
Spielform „Wandball-Variationen“ (Grundform vgl. DS 1): • Ein Punkt kann nur erzielt werden, wenn alle Angreifer in der eigenen Angriffshälfte sind. • Ein Punkt zählt doppelt, wenn nicht alle Abwehrspieler in die Abwehrhälfte zurückgelaufen sind. • Beide Variationen miteinander verbinden. • Ein Aufsetzer darf erst ab einer bestimmten Linie, z. B. ab der Mittellinie gespielt werden. • Ein Punkt kann nur erzielt werden, wenn zuerst 7 Pässe gespielt wurden. • Ein Punkt kann nur erzielt werden, wenn zuerst jeder Spieler den Ball hatte. • Ein Punkt wird erzielt, wenn Spieler A den Ball als Aufsetzer an die Wand spielt und Spieler B der angreifenden Mannschaft den Ball direkt von der Wand, bevor er auf den Boden fällt, fängt.	4 bis 5 Mannschaften. Turnierform vgl. Doppelstunde 1. Anmerkung, (vgl. Einleitung zur DS 2): Selbstverständlich ist es nicht möglich alle Varianten zu realisieren. Vielmehr sollten 2 oder 3 ausgesucht werden. Die übrigen können in Einzelstunden oder als Abschluss von Stunden mit anderen Inhalten, z. B. Turnen, gespielt werden.

4 Doppelstunde 3: Passen und Fangen in der Bewegung; Mattenball

In dieser Doppelstunde steht das handballspezifische Passen und Fangen im Mittelpunkt. Das Handballspiel ist auch dadurch charakterisiert, dass im Handball der Ball stets in der Vorwärtsbewegung angenommen und abgespielt wird; zusätzlich wird bei diesem Bewegungsstoß der Ball meist zur Seite gespielt, was eine besondere Schulung erfordert, zumal das Passen zur Seite in beide Richtungen realisiert werden muss.

Als erste Übungsform dient das „Passen im Dreieck“ (Bilder 9–11). Bei dieser Übung kann das Passen zur Seite mit einer leichten Stoßbewegung geübt werden, dies kommt dem „Stoßen“ beim Handball schon sehr nahe. Es ist darauf zu achten, dass die Schüler immer in Richtung Mitte stoßen und vor dem Abspiel in Wurfauslage gehen.

Bei der zweiten Übungsform, dem Klimaviereck, passen die Schüler auch zur Seite, allerdings müssen sie nicht mehr in die Ausgangsposition zurück, sondern nach vorne laufen. Dies ist zwar nicht direkt mit dem Stoßen vergleichbar, aber die Schüler lernen vor dem Abspiel immer Blickkontakt zu haben und sich nach dem Lauf wieder anzubieten: Orientierung im Raum, peripheres Sehen und Umstellungsfähigkeit, sind folglich die entscheidenden Ziele dieser Übung. Außerdem wird bei dieser Übung das Herz-Kreislauf-System belastet und stellt in seiner Endform eine sehr motivierende Übung dar, was viele Erfahrungen immer wieder gezeigt haben.
Als Abschluss der Stunde wird Mattenball gespielt, ein neues Spiel, bei dem weiterhin die allgemeine Spielfähigkeit geschult wird. Außerdem ist es bei diesem Spiel sehr wichtig, dass die Schüler lernen sich an die Regeln zu halten; für das Spiel Mattenball trifft dies insbesondere für die Regel zu, dass nur der Ballhalter auf die Matte treten darf. Diese Regel muss unbedingt eingehalten werden (Verletzungsgefahr!) und die Lehrkraft muss auch sofort einschreiten, falls ein Schüler ohne Ball über die Matte läuft.

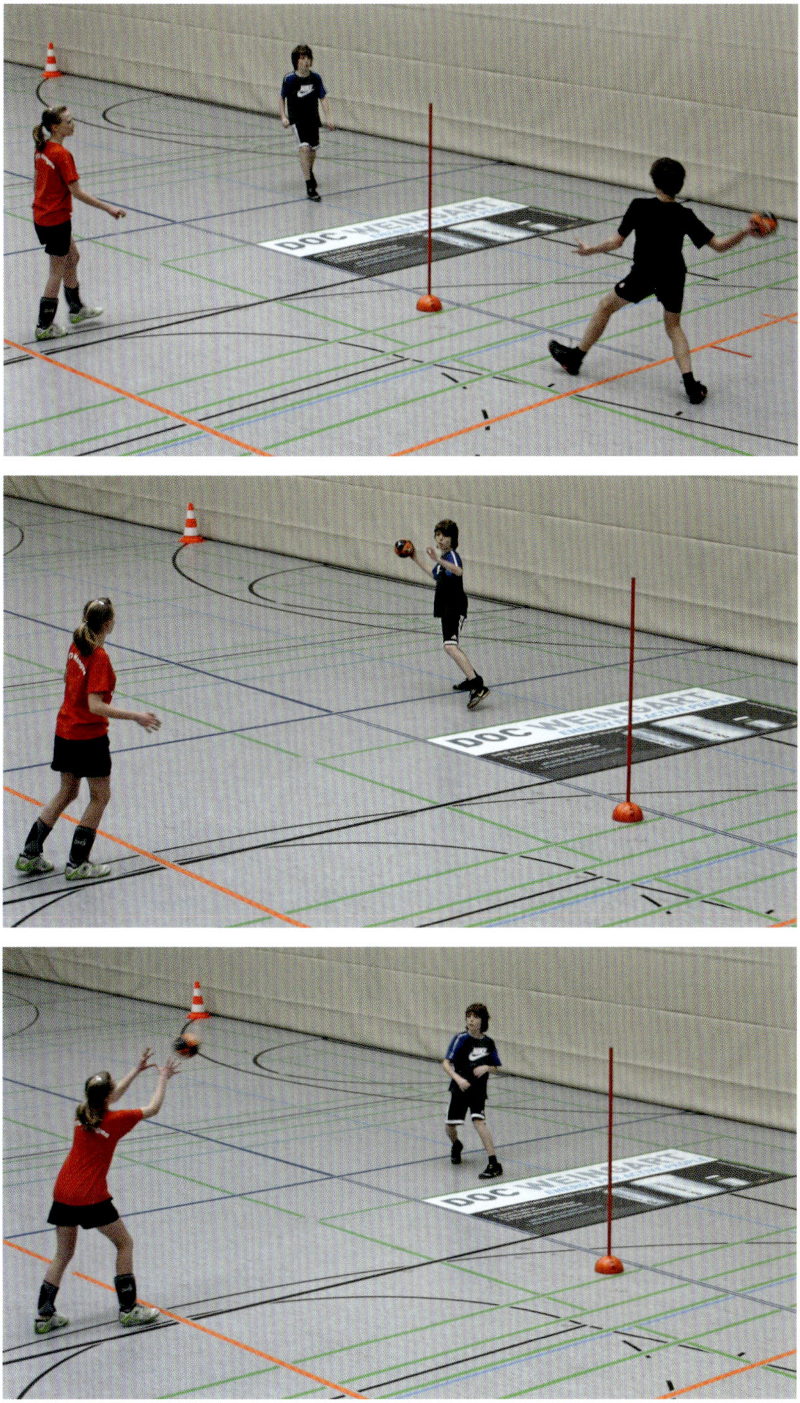

Bilder 9–11: Stoßen im Dreieck

Stundenverlauf Doppelstunde 3: Passen und Fangen in der Bewegung; Mattenball

Stundenabschnitte und Unterrichtsinhalte	Organisatorische Hinweise
Aufwärmphase	
Übungsform „Prellen mit 2 Bällen“: Die Schüler laufen und prellen mit zwei Bällen • Probephase • Auf Ansage der Lehrkraft – im Wechsel prellen, – gleichzeitig prellen – und Bälle wechseln. • Einen Ball prellen und den – anderen Ball am Fuß führen. – anderen Ball mit der anderen Hand hochwerfen und fangen. – den anderen Ball mit der anderen Hand greifen und Armkreisen (vw, rw, li, re). – Einen Ball mit beiden Händen greifen und mit diesem Ball den anderen Ball in der Vorwärtsbewegung prellen. **9 a/b**	Jeder Schüler hat zwei verschiedene Bälle, z. B. einen Handball und einen Volleyball/Basketball/Gymnastikball.
• Einen Ball mit zwei Händen greifen und den anderen Ball mit dem ersten Ball nach oben prellen. • Die Bälle links und rechts mit beiden Händen im Wechsel nach oben werfen, jonglieren, den ersten Ball mit einer Hand werfen. **10**	Wie viele Wiederholungen schafft ihr ohne Fehler?
Übungsphase	
Übungsform 1: Passen und Fangen in der Dreiergruppe **11 a** • Pro Dreiergruppe 1 Ball – Der Ball wird nach rechts gespielt. – Der Ball wird nach links gespielt. – Der Ball wird nach rechts gespielt und die Anzahl der Abspiele pro Minute gezählt (2–3 Wiederholungen). – Der Ball wird nach links gespielt und die Anzahl der Abspiele pro Minute gezählt.	Die Schüler gehen in Dreiergruppen zusammen und bilden ein gleichseitiges Dreieck mit einer Seitenlänge von ca. 6 m. In der Mitte des Dreiecks steht eine Stange. Die Schüler machen vor jedem Abspiel 1–2 Schritte in Richtung Mitte (Stange), beim Abspiel ist das linke Bein vorne (Rechtshänder), nach dem Abspiel müssen die Schüler wieder rückwärts in die Ausgangsposition zurück (vgl. Bilder 9–11).

Stundenabschnitte und Unterrichtsinhalte	Organisatorische Hinweise
Anmerkung: Nach ein paar Ballzirkulationen sollen die Schüler versuchen, den Ball in der Vorwärtsbewegung anzunehmen und abzugeben. Signal: Loslaufen, wenn der Nebenspieler ausholt.	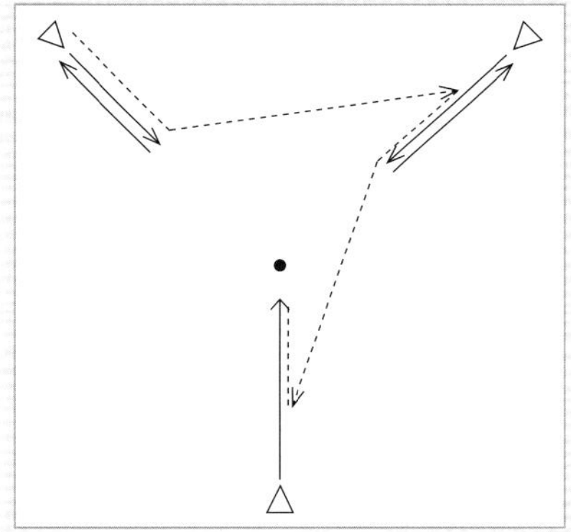 Abb. 15: Passen im Dreieck
Pro Dreiergruppe 2 Bälle – Die Bälle werden nach rechts gespielt. – Die Bälle werden nach links gespielt. **11 b**	Wichtig: Die Schüler müssen vor dem Abspiel Blickkontakt mit dem Nebenspieler haben.
Pro Dreiergruppe 3 Bälle (sehr schwierig!) – Die Bälle werden gleichzeitig nach rechts gespielt. – Die Bälle werden gleichzeitig nach links gespielt. **11 c**	Wichtig: Auf Kommando gleichzeitig spielen. Blickkontakt
Übungsform 2: „Klimaviereck“ (vgl. Abb. 16, S. 54) **12** Die beiden Bälle werden gleichzeitig nach rechts gespielt: Wichtig ist, dass der Ball nach rechts gespielt und danach sofort nach links geschaut wird; man muss jederzeit anspielbereit sein: • Die Bälle werden im Uhrzeigersinn gepasst. • Dto., aber die Seitenmitten laufen nach dem Abspiel auf die gegenüberliegende Position. Wichtig: nach rechts abspielen, laufen, Blick nach links, fangen und nach rechts abspielen, ... • Dto., aber die Ecken laufen nach dem Abspiel auf die gegenüberliegende Position.	8 Schüler bilden ein Quadrat: 4 Ecken und 4 Seitenmitten; 2 Bälle pro Quadrat. Die Bälle sind am Anfang auf gegenüberliegenden Positionen.

Stundenabschnitte und Unterrichtsinhalte	Organisatorische Hinweise
Alle Schüler wechseln um eine Position nach rechts: • Die Ecken laufen. • Die Mitten laufen. Alle Schüler wechseln um eine Position nach rechts: • Alle laufen. Alle Schüler wechseln um eine Position nach rechts. • Alle laufen. Der Ball wird nach links gespielt: • Alle laufen. Alle Schüler wechseln um eine Position nach rechts: • Alle laufen.	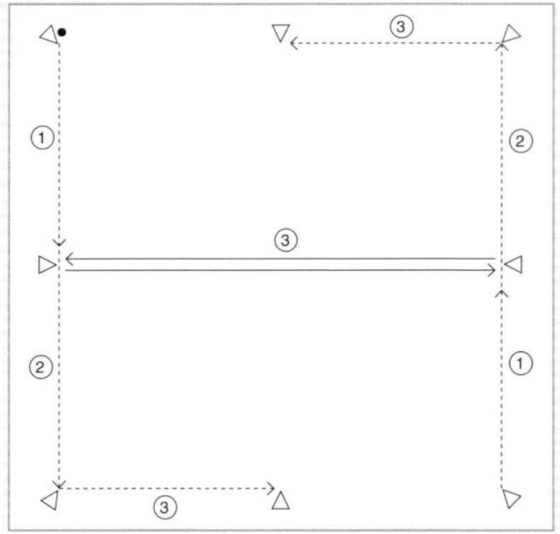 **Abb. 16: Passen und Fangen im Klimaviereck**
Spielphase	
Spielform „Mattenball" Ziel des Spiels ist den Ball mit beiden Händen auf der Matte abzulegen (die Schüler können sich dazu auch auf die Matte werfen). Es wird ohne Prellen und ohne Tippen gespielt. Wichtig: Es darf nur der Ballhalter auf die Matte, die anderen Spieler dürfen die Matte nicht betreten oder über die Matte laufen. Verletzungsgefahr beim Draufwerfen! (vgl. Anhang) Spielen in Turnierform.	Die Halle wird längs geteilt, pro Spielfeld zwei Weichbodenmatten. Eine Mannschaft besteht aus 5–6 Schülern. 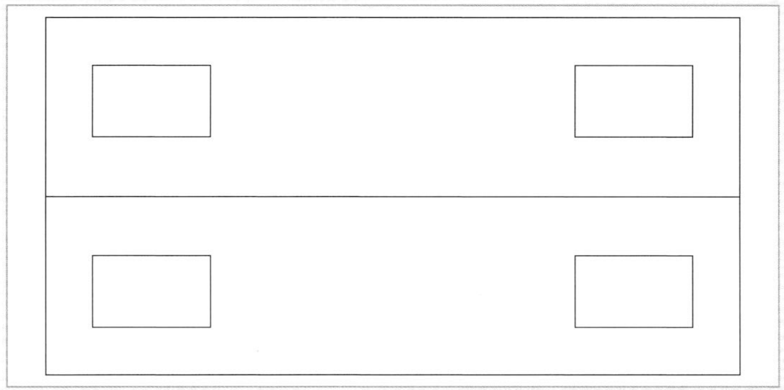 Abb. 17: Das Spielfeld bei Mattenball

5 Doppelstunde 4: Reifenball

In der Sportwissenschaft wird der Ansatz der koordinativen Fähigkeiten (vgl. u. a. Blume, 1978) seit einigen Jahren kritisch betrachtet; dies gilt in der Zwischenzeit auch für die spezielle Trainingsmethodik der Sportspiele (vgl. Roth, Memmert & Schubert, 2006; Kröger & Roth, 2005). Favorisiert wird dagegen der aufgabenorientierte Ansatz nach Neumaier (2006), der im Kern davon ausgeht, dass eine Schulung der Koordination über die Lösung von Bewegungsaufgaben erfolgt. Hierbei stehen die Informationsverarbeitung seitens des Bewegers sowie die durch die Aufgabe erzeugten Druckbedingungen im Mittelpunkt trainingsmethodischer Überlegungen. Abb. 18 stellt diesen Zusammenhang schematisch dar.

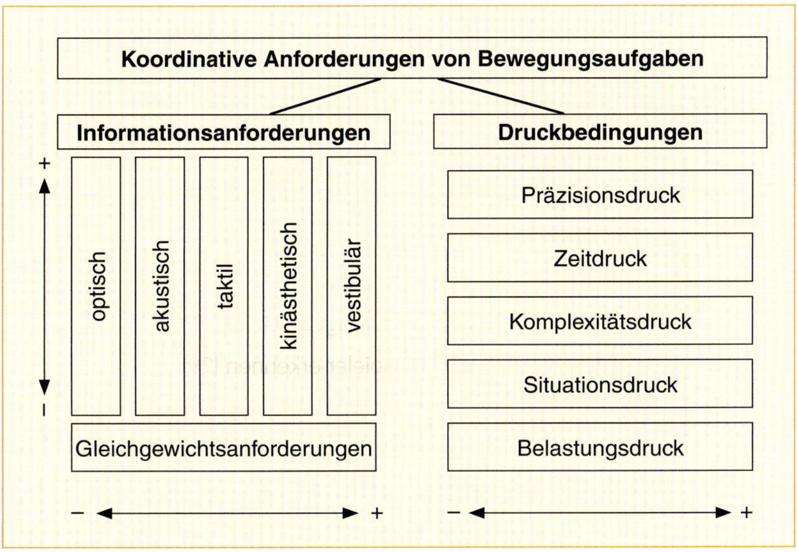

Abb. 18: Bewegungsaufgaben unter Koordinationsgesichtspunkten (Neumaier, 2006, S. 97)

Mit Blick auf die Wurfspiele im Allgemeinen (vgl. Roth, Memmert & Schubert, 2006) und das Handballspiel im Besonderen sind im Rahmen eines spezifischen Ballkoordinationstrainings folgende Faktoren zu beachten:

- Wurfspiele „leben" in der Hauptsache von taktischen Anforderungen. Haverkamp und Roth (2006) haben festgestellt, dass sie grob die Hälfte der Anforderungsstruktur bestimmen, wohingegen technische und koordinative Anforderungen diesbezüglich eine kleinere Rolle spielen (vgl. Abb. 11, S. 40).

- Mit Blick auf die koordinativen Anforderungen, die immerhin noch zu 20% eine Spielfähigkeit in den Wurfspielen erklären, werden in Doppelstunde 4 vor allem die folgenden koordinativen Anforderungen schwerpunktmäßig thematisiert (vgl. Abb. 19):

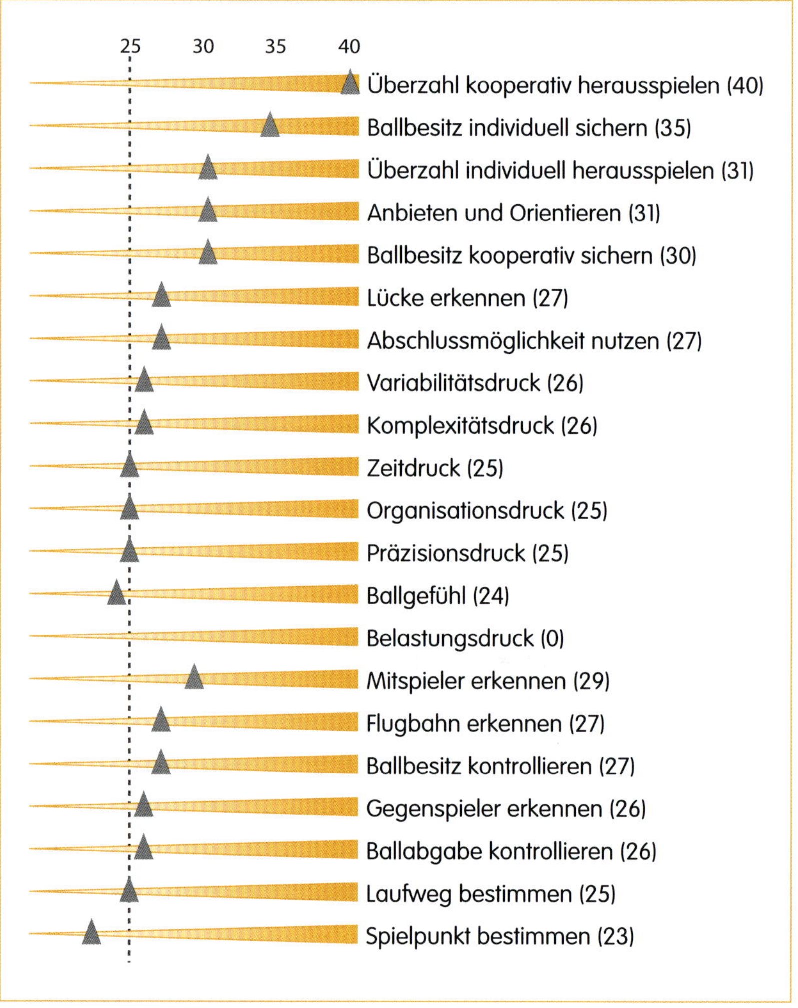

Abb. 19: Anforderungen in den Wurfspielen (ROTH, MEMMERT & SCHUBERT, 2006, S. 39)[2]

---

[2] Die Zahlen in Klammern stehen für die Anzahl der Nennungen aus 100% der Befragten.

- Optische Informationsaufnahme
- Organisations- und Komplexitätsdruck
- Präzisionsdruck
- Variabilitätsdruck

Im Aufwärmteil üben die Schüler deshalb zunächst mit Ball und Reifen. Die Reifen sind in der Halle gleichmäßig verteilt und die Schüler sollen verschiedene Aufgaben mit dem Ball ausführen. Hierbei stehen die Orientierung im Raum sowie Organisations- und Präzisionsdruck im Vordergrund. Im zweiten Teil des Aufwärmens praktizieren die Schüler das Zusammenspiel zu zweit und das Spiel ohne Ball. Auf diese Weise werden noch einmal die optische Informationsaufnahme sowie – jetzt zusätzlich – der Variabilitätsdruck geschult.
Im Spiel „Reifenball“ steht das Zusammenspiel im Vordergrund, wobei weiterhin ohne Prellen und ohne Tippen gespielt wird. Ein Punkt ist erzielt, wenn ein Spieler einen Aufsetzer in den Reifen spielt und ein Mitspieler diesen Ball fängt. Ein Reifen ist allerdings gesperrt, wenn ein Gegenspieler einen Fuß in diesem Reifen hat. Ein Punkt kann also nur im Zusammenspiel mit einem Mitspieler erzielt werden, kein Schüler kann dies alleine tun. In diesem Spiel werden folglich das Zusammenspiel (taktische Basiskompetenz: Vorteil kollektiv herausspielen) sowie schwerpunktmäßig die optische Informationsaufnahme und das Üben unter Variabilitätsdruck geschult. Die Schüler müssen erkennen, an welchem Reifen kein Abwehrspieler steht, schnell zu zweit dort hinlaufen und dann den Ball durch den Reifen spielen. Falls dieser Reifen in der Zwischenzeit auch gesperrt wird, müssen die Schüler schnell umschalten und erneut zu einem anderen, freien Reifen laufen.

Stundenverlauf Doppelstunde 4: Reifenball

Stundenabschnitte und Unterrichtsinhalte	Organisatorische Hinweise
Aufwärmphase	
Koordination mit Ball und Reifen	Anzahl der Reifen = Anzahl der Schüler. Die Reifen werden gleichmäßig in der Halle auf dem Boden verteilt. Jeder Schüler hat einen Ball.
• Die Schüler prellen kreuz und quer und dürfen keinen Reifen berühren. • Die Schüler prellen in einem Reifen, laufen um den Reifen herum und dann zum nächsten Reifen. • Die Schüler sind im Reifen und prellen um den Reifen herum; anschließend prellen sie zum nächsten Reifen. • Die Schüler bleiben vor einem Reifen stehen, nehmen den Ball in beide Hände und hüpfen beidbeinig in den Reifen rein und wieder raus. Danach prellen sie zum nächsten Reifen. • Dto. Der Reifen ist nun eine „Uhr", die Schüler springen wie folgt hinein und heraus: 6 Uhr hinein, 9 Uhr heraus und wieder hinein, 3 Uhr heraus und wieder hinein und nach 12 Uhr heraus.	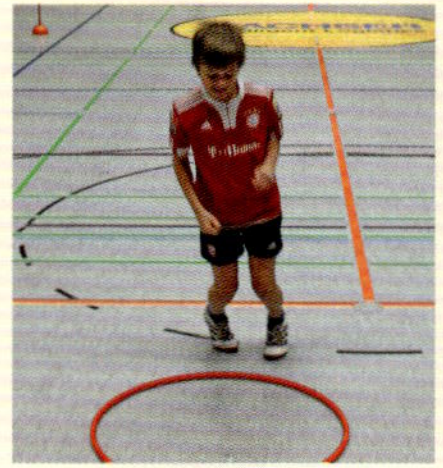 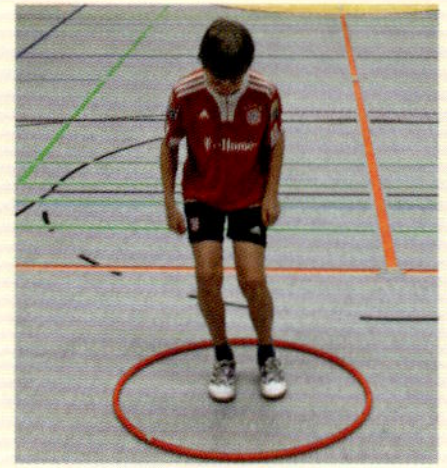 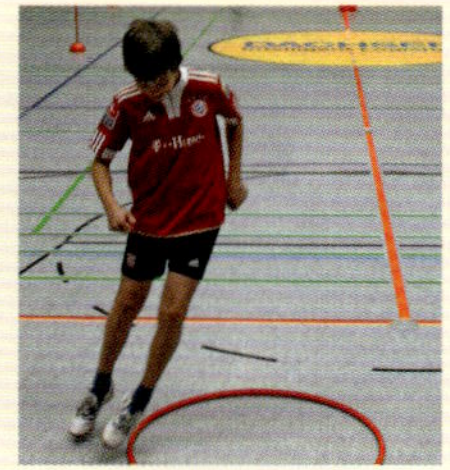 **Bilder 12–14**
• Die Schüler prellen im Vorbeiprellen einmal in einen Reifen und beim nächsten Reifen wieder. Der Reifen darf nicht getroffen werden, pro Reifen nur ein Versuch. • Jetzt mit Zählen nach dem Prinzip „Besser werden".	Pro Durchgang 45 sec.
• Die Schüler prellen auf den Reifen (Vorsicht beim Weiterprellen: der Ball kann verspringen), pro Reifen nur ein Versuch. • Jetzt mit Zählen nach dem Prinzip „Besser werden".	Pro Durchgang 45 sec.
Kräftigung	
• Liegestütz: Die Hände im Reifen: 3x links- und 3x rechtsherum mit den Beinen um den Reifen gehen. • Liegestütz: Die Füße im Reifen: 2x links- und 2x rechtsherum mit den Armen um den Reifen gehen.	Jeder Schüler geht zu einem Reifen und legt seinen Ball in den Reifen.

Stundenabschnitte und Unterrichtsinhalte	Organisatorische Hinweise
Übungsformen: Ballkoordinationsschulung in der Zweiergruppe	Zweiergruppen, je Gruppe einen Ball. Reifen in der Halle verteilt.
A und B laufen durch die Halle und passen sich in der Vorwärtsbewegung den Ball zu. Wenn sie an einem Reifen sind, spielt ein Partner dem anderen den Ball durch den Reifen als Aufsetzer zu.	
Varianten • A passt zu B, B passt zu A durch einen Reifen per Aufsetzer zu, A passt zu B … • Jeder Schüler soll 7x einen Aufsetzer spielen und dann Wechsel. • Jeder Schüler soll durch z. B. 4 blaue, 3 grüne, 2 gelbe Reifen einen Aufsetzer spielen und dann Wechsel. • Jungen spielen nur an den roten und rosa Reifen, Mädchen nur an den grünen und blauen Reifen.	Der Ballhalter darf mit Ball nicht laufen. Es sind nicht mehr Pässe erlaubt. 13 Im ersten Durchgang keine weiteren Anweisungen, die Schüler sollen selbst die Taktik erkennen. Vor dem zweiten Durchgang Erklärung und Demonstration: Ein Schüler B läuft ohne Ball zu einem Reifen, A passt erst wenn B am Reifen ist den Ball zu, A läuft ohne Ball auch zum Reifen, B spielt Aufsetzer durch den Reifen, B läuft ohne Ball zum nächsten Reifen …
Spielphase	
Spielform Reifenball	Die Halle in zwei Querspielfelder aufteilen; pro Spielfeld agieren 2 Mannschaften à 4–5 Spieler. Es liegen 2–3 Reifen mehr als Spieler pro Mannschaft in jedem Spielfeld. 14
Zwei Mannschaften spielen gegeneinander. Ein Punkt wird erzielt, wenn ein Schüler einen Aufsetzer durch einen Reifen spielt und ein Mitspieler diesen Ball fängt. Ein Reifen ist gesperrt, wenn ein Abwehrspieler einen Fuß im Reifen hat. Jede Mannschaft kann an jedem Reifen Punkte erzielen. Nach Punktgewinn wird der Ball abgelegt, der Gegner bekommt den Ball. Anschließend muss mindestens ein Pass gespielt werden, danach kann wieder an jedem Reifen ein Punkt erzielt werden. Es wird ohne Prellen und ohne Tippen gespielt, max. 3 Schritte sind erlaubt.	In Turnierform spielen (vgl. Anhang).

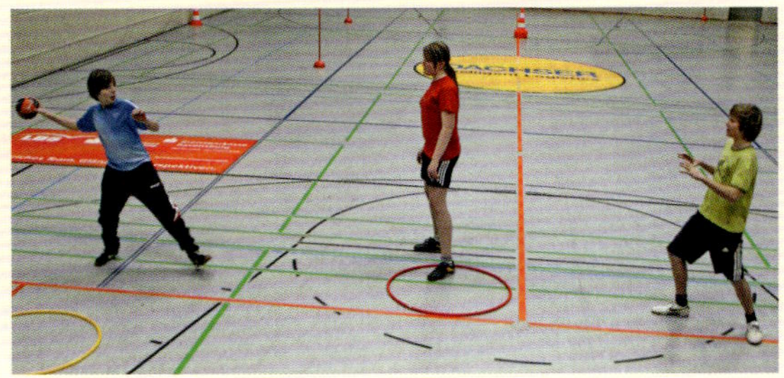

Bild 15

6 Doppelstunde 5: Einführung in das Torwartspiel – Aufsetzerball

Wer geht ins Tor? Diese Frage steht oft am Anfang eines Spieles. Viele Schüler, vor allem Mädchen, wollen nicht ins Tor, da sie Angst vor einem stark geworfenen Ball haben bzw. befürchten, dass es weh tut, einen Ball abzuwehren. Andererseits ist Handball (vgl. Kapitel 1) ohne Torwart nur schwer vorstellbar bzw. würde strukturell so verändert, dass es viele – v. a. auch Jungen – nicht als Handball akzeptieren.

Aus diesen Gründen sollen in dieser Stunde alle Schüler mit der Aufgabe des Torwarts konfrontiert werden. Wichtig ist hierbei, dass dies behutsam und „verpackt" erfolgt – und dass bei den Vorübungen zum Torwart-Spiel und beim Torwart-Spiel selbst jeder Schüler die Chance bekommt ins Tor zu gehen, ohne dass Zwang ausgeübt wird. Dies gilt dann selbstverständlich auch für das zentrale Spiel für die nächsten Doppelstunden, das Aufsetzerball-Spiel.

Dieses Spiel zeichnet sich durch folgende Merkmale aus:

- Zwei Mannschaften (3 bis max. 5 Spieler) agieren gegeneinander. Sie haben die Aufgabe, von der eigenen Torlinie den Ball mit Pässen nach vorne zu transportieren und vor der Linie auf das Tor der anderen Mannschaft zu werfen. Gleichzeitig müssen alle Spieler auch als „Torhüter" mitwirken; d. h. nach einem Wurf der eigenen Mannschaft müssen sofort alle zurücklaufen, das eigene Tor schützen und den gegnerischen Wurf abwehren.

- Im Detail sieht das Spielfeld folgendermaßen aus (vgl. Abb. 20):

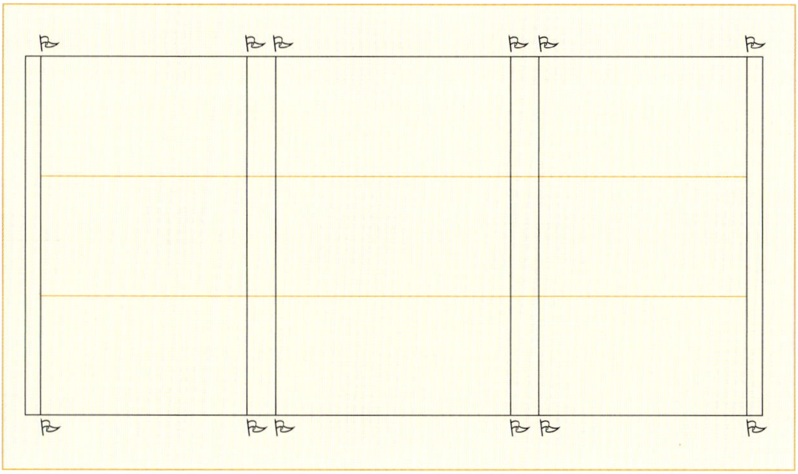

Abb. 20: Spielfeld Aufsetzerball

- Torwürfe sind grundsätzlich nur als Aufsetzer erlaubt. Dadurch wird zum einen die Härte des Wurfes verringert und die Schüler merken schnell, dass es gar nicht so schlimm ist als Torwart zu spielen und die Würfe der anderen abzuwehren. Zum anderen ist dadurch aber auch eine technisch korrekte Ausführung eher gewährleistet (vgl. Doppelstunde 2).
- Der Wurfkreis ist ein wichtiger und ganz spezifischer Bestandteil des Handballspiels, d. h. alle Schüler müssen lernen, dass ein Torwurf ohne Ausnahme vor dieser Linie durchgeführt werden muss. Beim Aufsetzerball lernen die Schüler eine Art „Wurfkreis“ kennen und beachten, indem sie vor einer Linie werfen müssen. Dies sollte ihnen nicht zu schwer fallen, da sie ein ähnliches Prinzip bereits bei den Wurfspielen der Doppelstunde 2 kennen gelernt haben.

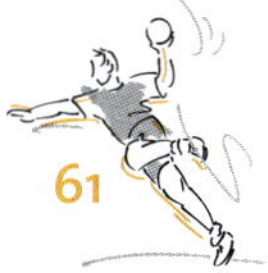

Stundenverlauf Doppelstunde 5: Einführung in das Torwartspiel – Aufsetzerball

Stundenabschnitte und Unterrichtsinhalte	Organisatorische Hinweise
Aufwärmphase	
Übung 1: Ballkoordination – Prellen mit Ballwechsel und Zusatzaufgaben	Jeder Schüler hat einen Ball.
Alle Schüler laufen kreuz und quer durch die Halle und prellen. Auf Pfiff legen die Schüler ihren Ball hin und nehmen einen anderen Ball auf.	Die Schüler sollen den Ball mit beiden Händen auf den Boden legen, der Ball darf nicht wegrollen.
Varianten Auf Pfiff den eigenen Ball hinlegen, an drei anderen Bällen Zusatzaufgaben ausführen und dann einen anderen Ball aufnehmen. • Ball mit der Hand berühren • Ball mit dem Ellbogen berühren • Ball mit dem Gesäß berühren • Ball mit der Stirn berühren • Ball mit dem Bauch berühren • Ball umsteppen • Ball 3 x überspringen • Ball mit beiden Händen berühren	Am Anfang alles locker und gleichförmig ausführen lassen, später nach Pfiff Temposteigerung und Tempowechsel!
Spiel- oder Übungsphase	
Vorübungen zum Torwart-Spiel	Jeder Schüler hat einen Ball.
Die Schüler prellen bis kurz vor die Linie und werfen vor dieser Linie ihren Ball als Aufsetzer an die Wand. Die Schüler holen den zurückspringenden Ball und prellen in die andere Richtung. Hinweis: Mehrfach wiederholen. Die Schüler stellen sich an der Mittellinie auf, abwechselnd mit Blick nach links und nach rechts. Eine Linie im Abstand von ca. 5–6 m von der Wand ist der „Kreis“ (z. B. die BB-Auslinie). Jeder Schüler 15–20 Würfe.	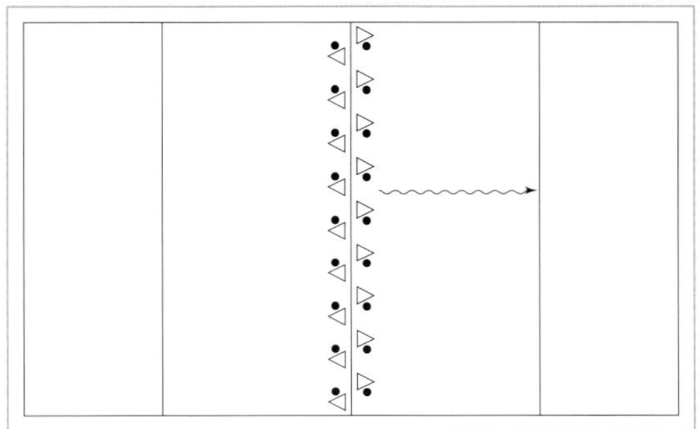 Abb. 21: Vorübung zum Torwartspiel

Stundenabschnitte und Unterrichtsinhalte	Organisatorische Hinweise
Torwart-Spiel: Gruppe A verteilt sich gleichmäßig auf die beiden Tore (vgl. Abb. 22). Gruppe B: die Schüler stehen an der Mittellinie, jeder zweite schaut Richtung Tor 1 und jeder zweite schaut in Richtung Tor 2. Jeder Schüler hat einen Ball.	1/3 Halle, die ganzen Stirnseiten sind die Tore. Die Klasse wird in zwei Gruppen eingeteilt (10–14 Schüler pro Gruppe). 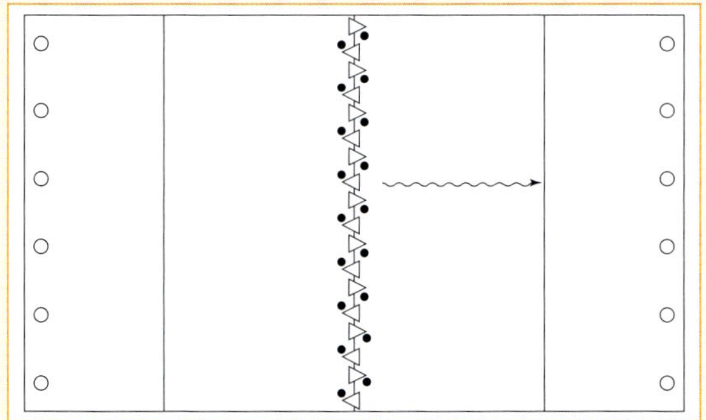 **Abb. 22: Torwartspiel**
Auf Pfiff prellen alle Schüler der Gruppe B gleichzeitig los und versuchen, per Aufsetzer vom „Kreis“ ein Tor zu erzielen. Nach dem Wurf den Ball holen und in die andere Richtung prellen und auf der anderen Seite versuchen vor dem „Kreis“ ein Tor zu erzielen ...	Spielzeit: 3 min. Jeder Schüler zählt seine eigenen Tore. Nach 3 min Aufgabenwechsel. Nach zwei Durchgängen gehen die Schüler einer Mannschaft zusammen und addieren ihre Treffer → Auswertung! Hinweis: 2 weitere Durchgänge als Revanche.

Stundenabschnitte und Unterrichtsinhalte	Organisatorische Hinweise

Spielphase

Spielform „Aufsetzerball“ (vgl. Abb. 23)

Grundform: Mannschaft A transportiert den Ball mittels Pässen (Prellen ist verboten!) zur Wurflinie und wirft von dort auf das gegnerische Tor (Aufsetzer). Alle Spieler der Mannschaft B versuchen den Ball abzuwehren. Anschließend wird in die andere Richtung gespielt.

15

Die Halle wird längs in mehrere Spielfelder aufgeteilt. Tor ist jeweils die gesamte Stirnseite des Spielfeldes, es kann auch etwas kleiner gemacht und durch Stangen markiert werden (links und rechts ca. 1 m nach innen gehen).

Spielerzahl: je nach Spielfeldgröße 2–4.

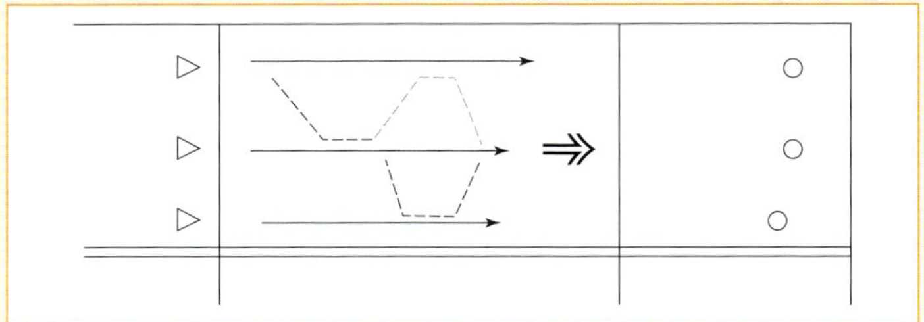

Abb. 23: Aufsetzerball ohne Gegenspieler

Spielform 2: „Aufsetzerball mit Gegenspieler“ (vgl. Abb. 24)

Diese Spielform funktioniert so wie in der Einleitung beschrieben: Mannschaft A greift mit allen Spielern an, während ein Spieler von Team B als Abwehrspieler fungiert und versucht den Ball abzufangen.

16

Erobert der „Indianer“ den Ball, muss er ihn sofort zu einem seiner Mitspieler passen.

Spielen in Turnierform (vgl. Anhang).

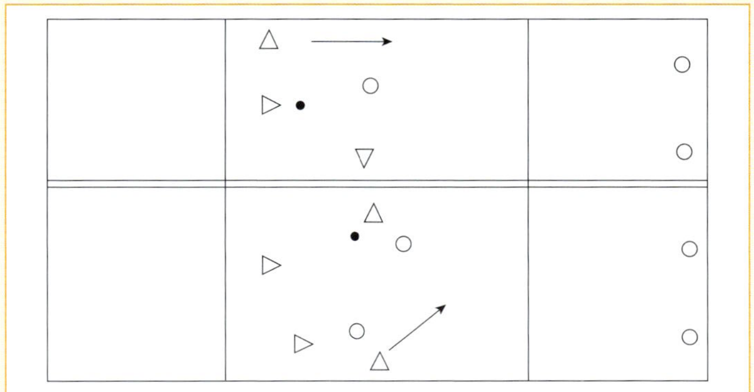

Abb.24: Aufsetzerball mit Gegenspieler (Feld 1: 3–1, Feld 2: 4–2)

7 Doppelstunde 6: Aufsetzerball mit Gegenspielern, Überzahl-Handball

Handball zeichnet sich unter anderem auch dadurch aus, dass es – wie in allen anderen Sportspielen auch – darum geht, sich gegenüber Gegenspielern durchzusetzen bzw. sich gegenüber der anderen Mannschaft Vorteile zu verschaffen. Mit dieser Zielsetzung rücken automatisch basistaktische Kompetenzen, wie etwa *Überzahl herausspielen* oder *Lücken erkennen* (Roth & Kröger, 2005), in den Mittelpunkt des Vermittlungsprozesses und des Unterrichtsgeschehens.
Eine angemessene Vermittlung dieser Kompetenzen erfordert allerdings ein spezifisch methodisches Vorgehen, was in der Doppelstunde 6 in zwei Schritten realisiert wird; sie bilden den jeweiligen Schwerpunkt von zwei separaten Stundenabschnitten, für die nach einem ballkoordinativ orientierten Aufwärmen von etwa 20 Minuten etwa gleich viel Zeit eingeplant werden sollte.

Schritt 1: Aufsetzerball mit Verteidiger

Der erste Schritt lässt sich organisatorisch relativ einfach auf mehreren Längsspielfeldern umsetzen: Aufbauend auf dem in Doppelstunde 5 eingeführten Wurfspiel „Aufsetzerball" wird zunächst noch einmal die zweite Stufe dieses kleinen Sportspiels (vgl. Abb. 9, S. 35), das Spiel mit Verteidiger gespielt. Greift die gegnerische Mannschaft an, versucht dieser Verteidiger den Ball abzufangen bzw. zu erobern. Dies bedeutet, dass eine ballorientierte Verteidigung im Verhältnis 4:1, 4:2 oder 3:2 gespielt wird (vgl. Abb. 24, S. 64). Schafft es der Verteidiger an den Ball zu kommen, muss er ihn zu seiner Mannschaft zurückspielen. Anschließend spielt er im Angriff mit. Schafft er es nicht, wartet er den Torwurf von Team A ab und bringt sich dann in den Angriff seiner Mannschaft ein.
Anzumerken ist an dieser Stelle, dass die Rückspielregel an dieser Stelle nicht sofort Anwendung finden sollte; in anderen Worten: Ein Rückpass zu einem Torhüter wird zunächst nicht mit Freiwurf für

das andere Team bestraft, später sollte diese Regel aber eingeführt werden (spätestens mit Schritt 2), so dass die Torhüter relativ schnell aus dem Torraum herauslaufen und sich für einen Pass anbieten müssen.
Dieses Vorgehen bietet im Übrigen auch gute Möglichkeiten der Differenzierung, da prinzipiell auf jedem Spielfeld mit einer anderen Partner-Gegner-Konstellation gespielt werden kann. Als Faustregel gilt: Je knapper das Überzahlverhältnis, desto schwieriger wird die Spielsituation. Insofern muss den Sportlehrkräften klar sein, dass eine 3:2-Überzahl für Schüler der Klassen 5 oder 6 durchaus als relativ schwierig einzuschätzen ist und auch eine Situation 4:1 oder 4:2 nicht für alle gleichermaßen einfach ist – auch wenn dies für Ballspiel-Experten so scheint. Ein exemplarisches Spielfeld für alle Überzahlsituationen ist nochmals in Abbildung 25 dargestellt:

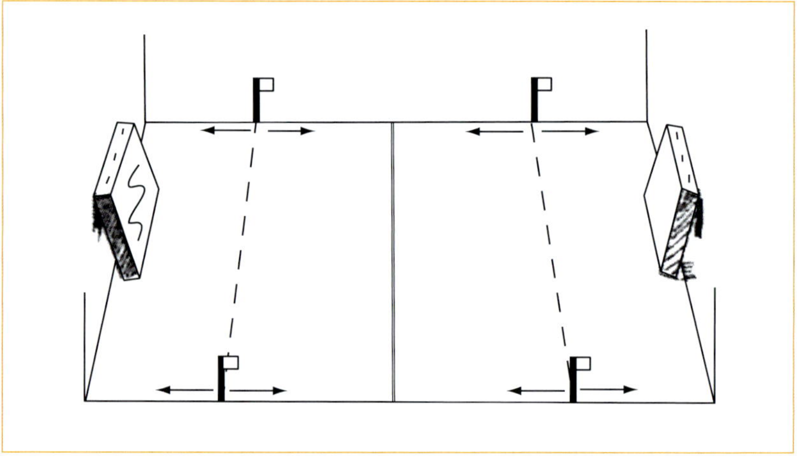

Abb. 25: Spielfeld Aufsetzerball (Emrich, 2007, S. 31)

Schritt 2: Aufsetzerball nach dem Beach-Handballprinzip

Auch im zweiten Teil der Stunde wird am bisher praktizierten Überzahlprinzip festgehalten, so dass weiterhin eine gute Möglichkeit zur Differenzierung besteht. Allerdings wird jetzt die Spielerzahl erhöht, so dass die nächste Stufe der Spielreihe „Aufsetzerball nach dem Beach-Handballprinzip" auf einem höheren Komplexitätsniveau abläuft.
Konkret bedeutet dies zunächst, dass beide Mannschaften mit fünf Spielern agieren; hiervon werden pro Team 2 Feldspieler und 3 Torhüter festgelegt. Grundsätzlich greifen immer die beiden Feld-

spieler sowie ein Torwart im Wechsel an; ist der Angriff abgeschlossen, verlässt der angreifende Torwart das Feld und geht an der (linken) Seitenlinie in Richtung eigene Grundlinie zurück. Die beiden Angreifer laufen zurück und fungieren als Verteidiger. Beim nächsten Angriff geht ein anderer Torhüter mit in den Angriff und der an der Seitenlinie wartende Torhüter füllt diesen Platz auf. Auch dieser Schritt zieht wieder neue Regeln nach sich, die Schritt für Schritt eingeführt werden sollten:

- Rückspielregel: Der Ball darf nicht zu einem sich noch im Torwartbereich befindenden Spieler zurückgespielt werden (vgl. Schritt 1).
- Anspielregel: Das Anspiel wird jetzt an der Wurflinie ausgeführt; der Fuß muss hierbei auf der Linie stehen.

Schließlich sollte in dieser Stunde auch wieder verstärkt an technischen Inhalten gearbeitet werden. Vermutlich hat der eine oder andere Schüler bereits in den Stunden zuvor, ohne dass es großartig angesprochen wurde, einen Sprungwurf ausgeführt. Der Sprungwurf gilt seit vielen Jahren als die entscheidende Wurftechnik im Handball; er wird in vielerlei Variationen eingesetzt und hat gegenüber dem Schlagwurf und vor allem dem Fallwurf eine herausragende Bedeutung. Insofern sollte er bei allen Spiel- und Übungsformen immer wieder explizit angesprochen werden.

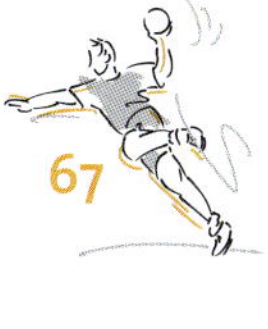

Stundenverlauf Doppelstunde 6: Aufsetzerball mit Gegenspielern, Überzahl-Handball

Stundenabschnitte und Unterrichtsinhalte	Organisatorische Hinweise
Aufwärmphase	
Übung „Zahlenpassen“ (Abb. 26) Die Klasse wird in 4 bis 6 Gruppen geteilt; jedes Gruppenmitglied erhält eine Zahl von 1 bis x (je nach Größe der Gruppe). Aufgabe ist, sich in der Reihenfolge der Zahlen den Ball zuzuspielen, also 1 – 2 – 3 – ... -x – 1 – .... . Wer den Ball abgespielt hat, umläuft eines der Hütchen. **Varianten:** • Zusatzaufgabe am Hütchen, z. B. Strecksprung, Bodenklatsch, etc. • Umlaufen von 2 Hütchen • Umgekehrte Passreihenfolge Passart variieren, z. B. indirekte Pässe, Überkopfpässe, Unterhandpässe, etc.	Die Halle wird in 4 Rechtecke aufgeteilt, die alle mit 4 oder 6 Hütchen begrenzt werden. 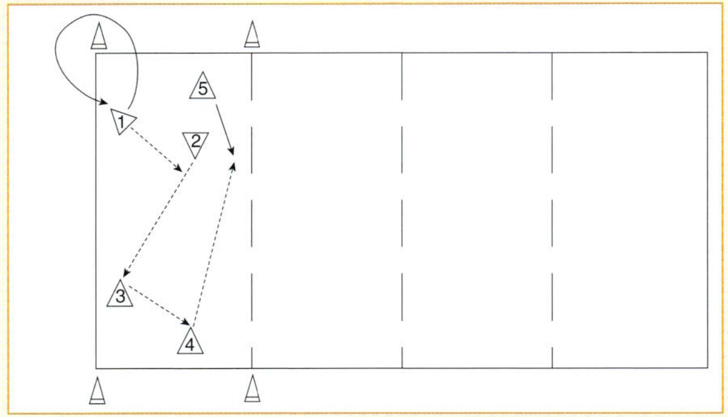 Abb. 26: Zahlenpassen
Übungsform „Zug rangieren“ (vgl. Abb. 27) Die Klasse wird in 4 bis 6 Gruppen aufgeteilt; jede Gruppe holt 2 Kleinkästen und platziert diese hintereinander im Abstand von 5 Metern von einer Wurflinie. Schüler A wirft auf den vorderen Kleinkasten; bei einem Treffer läuft er zu den Kästen und rückt den vorderen hinter den zweiten und holt dann seinen Ball. Bei Fehlwurf holt er lediglich seinen Ball. Die Gruppe, die als erste die Wand erreicht, gewinnt.	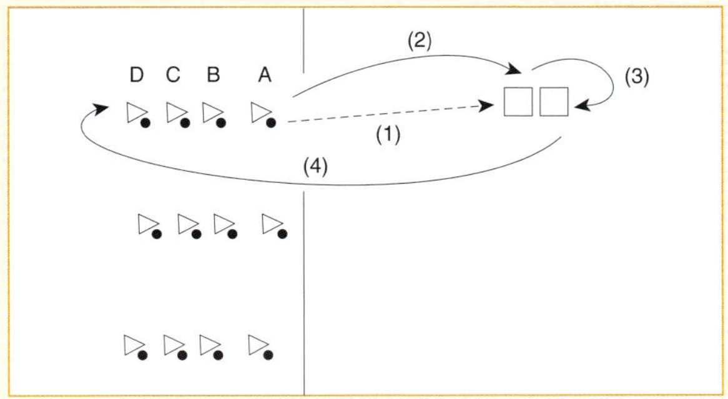 Abb. 27: „Zug rangieren“

Spiel- oder Übungsphase

Übungs- und Spielformen zum Ball erobern bzw. Ausspielen von Überzahl

Übung 1: „Balltransport – einfach“ (vgl. Abb. 28)

Die Halle wird in zwei Längsstreifen aufgeteilt. Auf jeder Grundlinie stehen Dreierteams, in jedem Längsfeld wartet 1 Abwehrspieler.
Die Teams transportieren den Ball von Grundlinie A nach B und überspielen dabei den Abwehrspieler. Nach Abspiel an die nächste Gruppe stellen sie sich hinten an.

Übung 2: „Balltransport – schwierig“

Bei dieser Übung wird der Längsstreifen nochmals quer in zwei Hälften unterteilt. Jetzt agiert in jeder Hälfte ein Abwehrspieler, so dass die den Ball transportierende Mannschaft zweimal den Ballbesitz kooperativ sichern muss.

Störer sollten deutlich markiert werden, z. B. durch Markierungshemden.

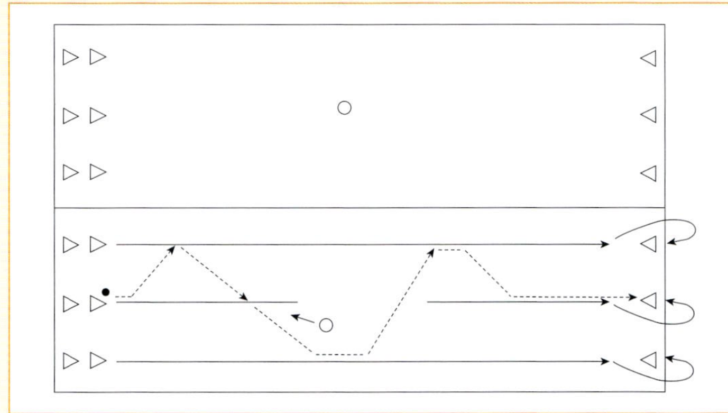

Abb. 28: Balltransport

Spielform 1 „Überzahl-Aufsetzer-Handball“ (Abb. 29)

Die Halle wird in drei Spielfelder aufgeteilt; pro Spielfeld agieren 2 Mannschaften mit je 4 oder 5 Spielern. Je nach Vorgabe teilt sich die verteidigende Mannschaft in Torleute und Verteidiger auf; die angreifende Mannschaft spielt immer in voller Besetzung, d. h. die Torhüter spielen im Angriff immer mit. Folgende Varianten sind möglich:

- Variante 1: 4:2, d. h. beide Torhüter spielen im Angriff mit.
- Variante 2: 3:2, d. h. ein Torhüter spielt im Angriff mit.
- Variante 3: Das Spiel wird als Spiel 5 gegen 5 organisiert. Hier sind ebenfalls verschiedene Überzahlverhältnisse möglich.

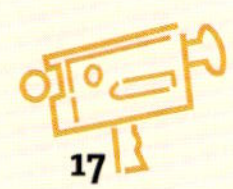

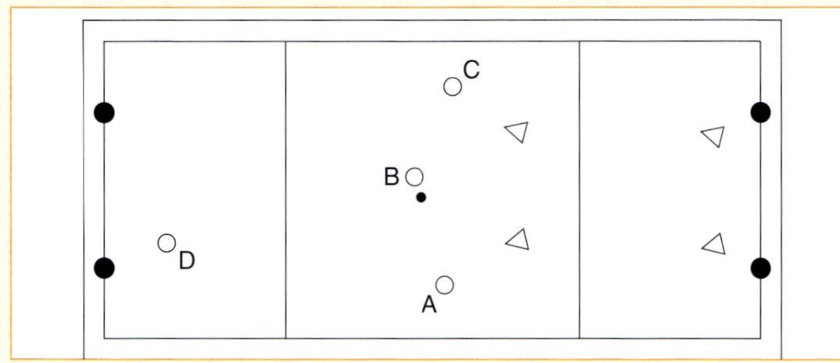

Abb. 29: Spielfeld Überzahl-Aufsetzer-Handball

Achtung: Für diese Form sollten zwei Hallendrittel organisiert werden.

Stundenabschnitte und Unterrichtsinhalte	Organisatorische Hinweise
Spielphase	

Spielform 2 – Aufsetzerball nach Beach-Handballregeln

18

Die Spieler A und B der Mannschaft 1 greifen zusammen mit TW C an, TW D und TW E stehen im Tor.
Zwei Spieler von Mannschaft 2 sind in der Abwehr und 2 Spieler im Tor, der dritte TW steht an der Seitenlinie im Aus.
Nach Abschluss des Angriffs von Team 1 verlässt TW C sofort das Spielfeld und geht an der Seite zurück in Richtung eigenes Tor und wartet an der Seitenlinie.
Beim nächsten Angriff von Team 1 geht TW D mit in den Angriff und TW C geht ins Tor.

Eine Mannschaft besteht aus 5 Schülern, pro Mannschaft werden 3 Torhüter und 2 Feldspieler eingeteilt.

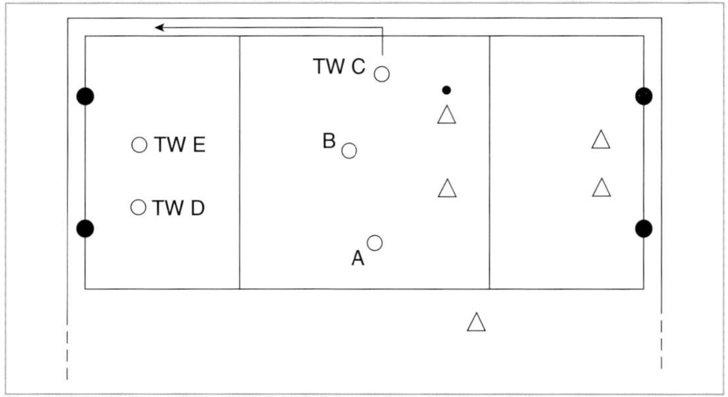

Abb. 30: Überzahl-Handball nach Beach-Handballregeln

8 Doppelstunde 7: Handball 3+1

Nachdem insbesondere in der letzten Stunde Handball auf einem zwar vereinfachten, aber dennoch „normalen" Spielfeld praktiziert wurde, soll in der Doppelstunde 7 der Schritt zum ersten Zielspiel gegangen werden. Im Hinblick auf die Struktur dieses Spiels ist sich die Fachliteratur nahezu einig, da die große Mehrzahl der Spielreihen das Spiel „Handball 4+1" anstrebt. Allerdings ist für die Schule, insbesondere auch im Hinblick auf Organisation und mögliche Differenzierungsmaßnahmen, das Spiel „Handball 3+1" die bessere Alternative. Grundsätzlich zeichnet sich diese Spielform durch folgende Merkmale aus:

- Es weist vereinfachte, aber identische Strukturmerkmale des eigentlichen Zielspiels auf und entspricht damit der von Bunker und Thorpe bereits 1982 aufgestellten Forderung der „representation", also der Erhaltung der Spielidee und -struktur.
- Das Spiel ist dadurch gekennzeichnet, dass alle drei Aufgabenbereiche, also Angriff, Abwehr und Torwart, zu realisieren sind.
- Das Spiel ist als freies Spiel zu organisieren, d. h. es gibt keinerlei taktische Vorgaben oder gar Spielsysteme. Einfache Spielsysteme und gruppentaktische Angriffsmittel sind Unterrichtsthemen der Mittelstufe (vgl. v. a. Doppelstunde 9–13).
- Die Schüler müssen grundsätzlich in der Abwehr und im Angriff spielen; aufgrund des jetzt festen Torwarts ist darauf zu achten, dass pro Spielphase immer wieder andere Kinder diese Aufgabe wahrnehmen. Da in den vorangegangenen Doppelstunden

Tab. 3: Regelkasten für das Spiel „Handball 3+1"

Regel	Kommentar
Schrittregel	Mit dem Ball dürfen 3 Schritte ohne Prellen gelaufen werden
Dribbelregel	Der Ball darf mit der offenen Hand geprellt werden
Foulregel	Der Gegenspieler darf nicht gestoßen, geklammert oder geschlagen werden
Einwurfregel	Nach „Ball im Aus" muss der Ball von einem Spieler mit dem Fuß auf der Seitenlinie ins Spiel gebracht werden
Torregel	Der Ball muss mit seinem ganzen Umfang die Torlinie überschritten haben

theoretisch jeder im Tor sein musste, dürfte dies kein schwieriges Problem darstellen.

- Als verbindliche Regeln gelten die in den letzten beiden Doppelstunden eingeführten Absprachen, die den Schülern auch in visueller Form vorliegen (Wandzeitung, Arbeitsblatt, persönliches Regelheft). Der Regelkasten (vgl. Tab. 3) ist hierfür nochmals eine Hilfe.

Mit Blick auf die räumliche Situation ist zur Doppelstunde 7 zu sagen, dass es von Vorteil wäre, zwei Hallendrittel zur Verfügung zu haben. Für die Lehrkraft bedeutet dies den Unterricht so mit Fachkollegen abzustimmen, dass der nötige Platz, wenn irgendwie möglich, zur Verfügung steht. Selbstverständlich kann die Doppelstunde 7 auch in einem Hallendrittel ablaufen; dies hat allerdings längere Wartezeiten für einzelne Mannschaften zur Folge. Stehen zwei Drittel einer Normal-Sporthalle zur Verfügung, dann lassen sich 3 Spielfelder unterbringen (vgl. Abb. 31).

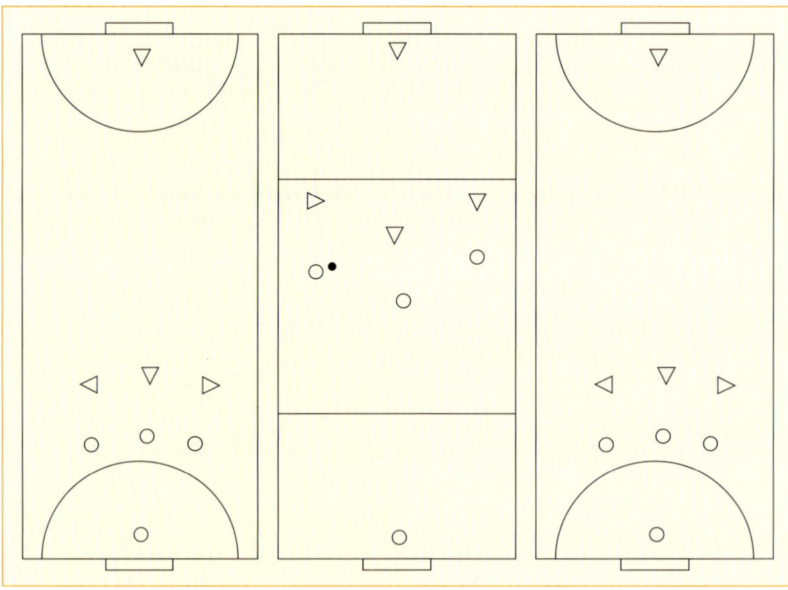

Abb. 31: Spielfelder für die Doppelstunde 7

Auch weiß man aus aktuellen fachdidaktischen Konzepten, dass die Schüler neben dem eigenen Sporttreiben andere Handlungspositionen im Schulsport einnehmen sollten; diesbezüglich sind ab der Doppelstunde 7 folgende Möglichkeiten denkbar:

(1) Die Schüler sollten regelmäßig auch zu Aufgaben in der Spielleitung herangezogen werden; nur so kann das Prinzip „Spielen lernt man vor allem auch durch spielen" aufrecht erhalten werden. Lehrkräfte können unmöglich auf drei Spielfeldern gleichzeitig als Schiedsrichter fungieren, insofern sollten die Schüler lernen, bei dieser Aufgabe mitzuwirken.

(2) Da spätestens mit dem Schritt zum Handball 3+1 auch Turniere gespielt werden können, sollten einzelne Schüler hin und wieder kleine Turniere vorbereiten, d. h. für den Spielplan, die Zeitmessung, etc. sorgen. Dies kann bereits in einer möglichen achten Doppelstunde oder einer zusätzlichen Einzelstunde der Fall sein. Sollte diese zur Verfügung stehen, kann sie als Abschlussturnier der Unterrichtseinheit verwendet werden.

Stundenverlauf Doppelstunde 7: Handball 3+1

Stundenabschnitte und Unterrichtsinhalte	Organisatorische Hinweise
Aufwärmphase	
Übungsform „Reifenprellen“ Die Schüler stehen in je einem Reifen und halten den Ball in den Händen. Auf Zeichen des Lehrers prellen sie zu jedem Reifen, der die gleiche Farbe hat wie der eigene, umrunden diesen und laufen zum eigenen Reifen zurück. **Varianten** • Die Schüler hüpfen im Reifen und drehen sich dabei prellend einmal um die Körperlängsachse. • Die Schüler prellen im Reifen und laufen außen herum. • Die Schüler umsteppen die Reifen und prellen dabei im Reifen. • Die Schüler laufen je einen Reifen von jeder Farbe an und umrunden diesen.	Es liegen so viele Reifen wie Schüler in der Halle verteilt. Wichtig ist, dass die Reifen verschiedene Farben haben. Ist dies nicht möglich, können anstelle einiger Reifen auch Hütchen, Ringe o. Ä. verwendet werden. Ein Ball pro Schüler.
Spielform „Ablegeball“ Pro Spielfeld spielen zwei Teams gegeneinander. Ziel ist, den Ball hinter der Grundlinie der gegnerischen Mannschaft abzulegen. **Varianten** • Der Ball muss zu einem Spieler gespielt werden, der sich bereits hinter der Linie befindet. • Reifenball (vgl. Doppelstunde 3).	Es wird mit den bisher erlernten Regeln gespielt und hier ohne Prellen und Tippen (vgl. Doppelstunde 1–4).

Stundenabschnitte und Unterrichtsinhalte	Organisatorische Hinweise

Übungsformen zum Torwurf (vgl. Abb. 32)

- ***Übung 1:*** Die Schüler werden in doppelt soviel Gruppen eingeteilt wie Spielfelder existieren. Je zwei Gruppen gehen in ein Spielfeld und stellen sich Rücken an Rücken rechts und links von der Mittellinie auf. Der erste Schüler auf der rechten Seite beginnt: Prellen und Torwurf.
- ***Übung 2:*** Aufstellung wie in Übung 1, statt Prellen wirft jeder Schüler den Ball sich selbst vor, lässt in einmal aufhüpfen, fängt und wirft auf das Tor.

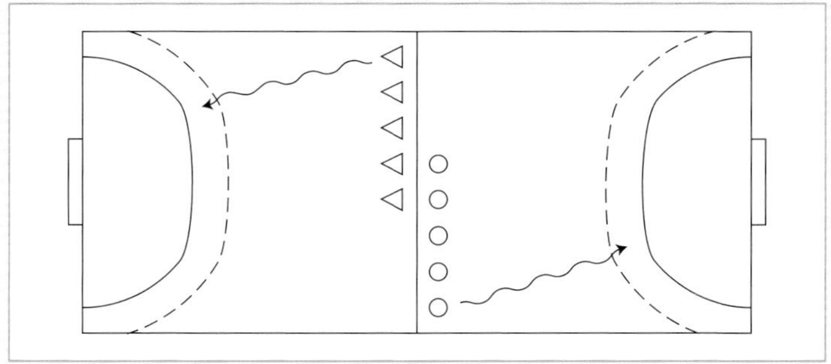

Abb. 32: Übungsformen zum Torwurf

Spielphase

Spielform 1: „Überzahl-Handball“ (vgl. Doppelstunde 6)

Die Halle wird in drei Spielfelder aufgeteilt; pro Spielfeld agieren 2 Mannschaften mit je 4 oder 5 Spielern. Je nach Vorgabe teilt sich die verteidigende Mannschaft in Torleute und Verteidiger auf; die angreifende Mannschaft spielt immer in voller Besetzung, d. h. die Torhüter spielen im Angriff mit.

Spielform 2: „Handball 3+1“

Die Halle (es sind zwei Hallendrittel notwendig) wird in drei Spielfelder aufgeteilt; pro Spielfeld agieren 2 Mannschaften mit je 4 oder 5 Spielern.

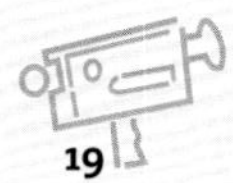

Alternativ kann ein Hallendrittel auch in zwei Längsspielfelder aufgeteilt werden. In diesem Fall maximal 3 Spieler pro Mannschaft.

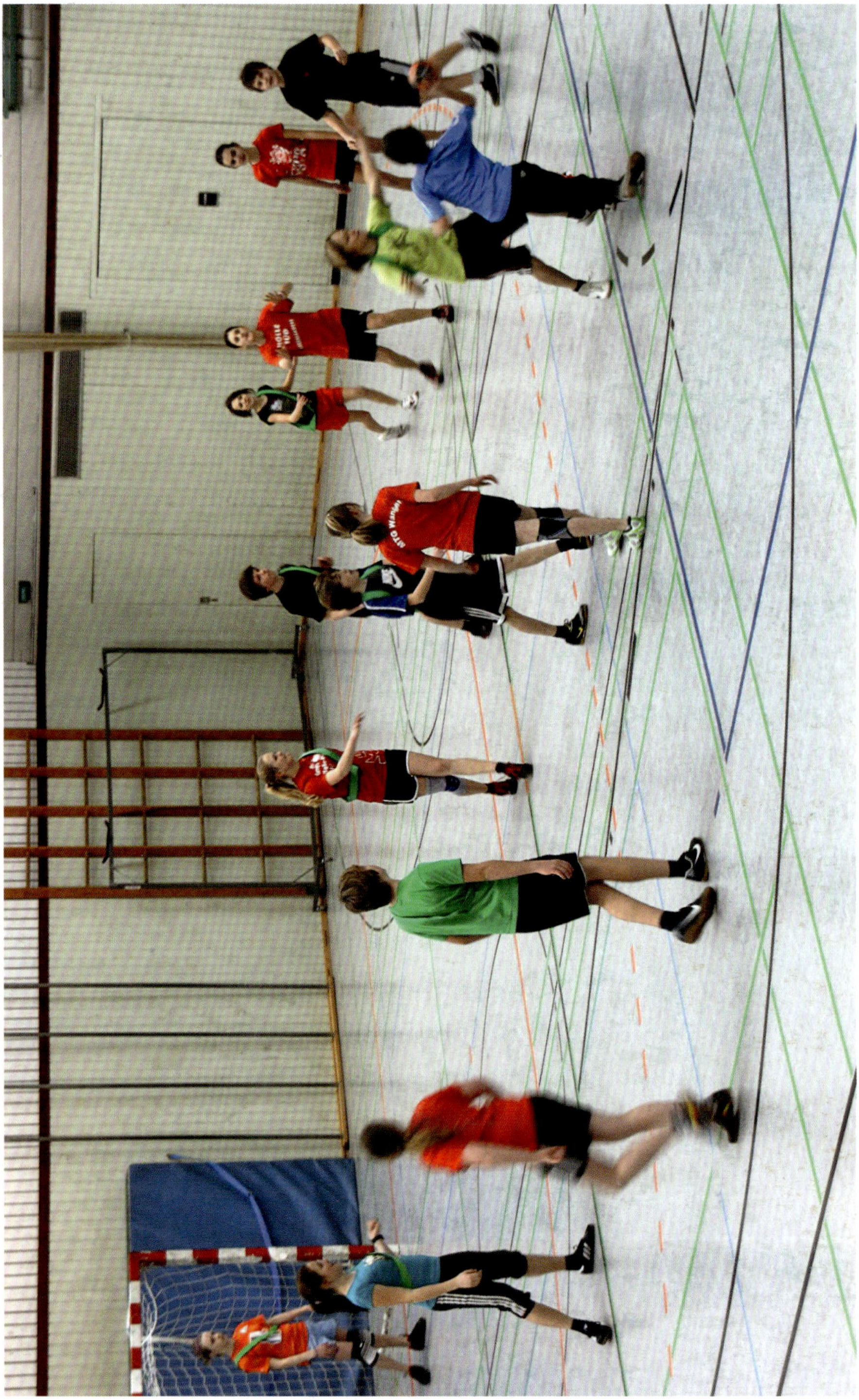

III

Sieben Doppelstunden für die Klassen 7 bis 9 (13- bis 15-Jährige)

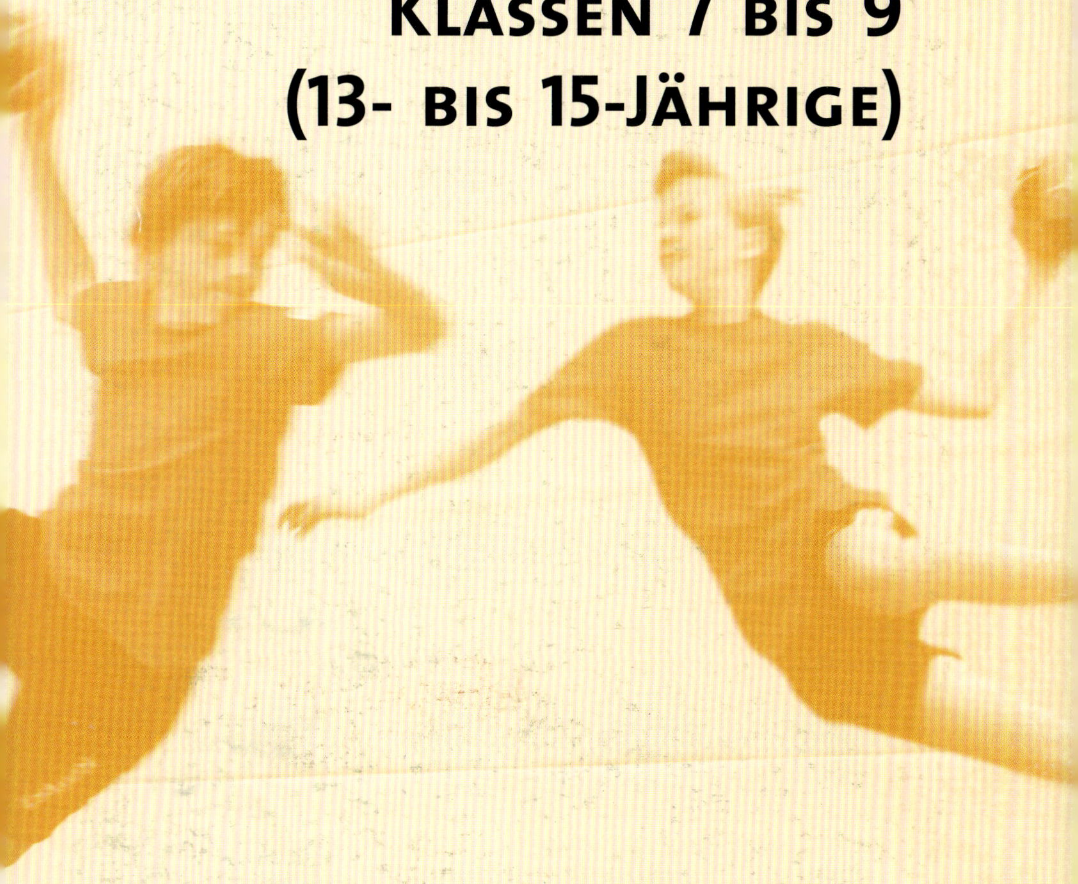

1 Vom freien, mannorientierten zum gebundenen, raumorientierten Spiel

Blickt man zu Beginn der Mittelstufe nochmals auf das in Abbildung 2 dargestellte Gesamtkonzept für Schulhandball (vgl. S. 18), dann ist vorgesehen, dass in den Klassen 7 bis 9 einfache Spielsysteme den Schwerpunkt des Handballunterrichts darstellen sollen. Um dieses Ziel allerdings realistisch anzugehen, ist es notwendig sich noch einmal zu verdeutlichen, was die Schüler zu Beginn von Klasse 7 im Idealfall können (vgl. Tab. 4).
Ziel der folgenden sieben Doppelstunden ist deshalb, nach einer Wiederholungsstunde auf diesen handballspezifischen Basiskompetenzen aufzubauen und diese, mit Blick auf eine spezifische Spielfähigkeit (vgl. Kapitel I), so weiter zu entwickeln, dass der Handballunterricht in der Mittelstufe mit einem Turnier von Fünfer-Mannschaften abgeschlossen werden kann. Diese Weiterentwicklung sollte, analog zu den Schwerpunkten der Unterstufe, in den üblichen Bereichen der Abwehr- und Angriffsschulung erfolgen.
Im Bereich der **Abwehr** soll es darum gehen, die im Rahmen einer Manndeckung erlernten technischen Fertigkeiten und taktischen Fähigkeiten in einer einfachen Raumdeckung umzusetzen. Orientiert man sich in diesem Zusammenhang an den Empfehlungen der Fachliteratur (vgl. u. a. DHB, 1998), dann gibt es bezüglich einer

Tab. 4: Kompetenzen nach Klasse 6

Im Angriff können die Schüler ...	In der Abwehr können die Schüler ...	Sonstiges: Die Schüler ...
... mit einem Schlagwurf gezielt aufs Tor werfen	... Bälle als Torwart abwehren und das Spiel einleiten	... können die wichtigsten Regeln anwenden
... den Ball relativ sicher passen und fangen	... Bälle abfangen und herausspielen	... können einfache Organisationsmaßnahmen umsetzen
... im freien Spiel 3 gegen 3 sich einen Vorteil herausspielen	... im Spiel 3 gegen 3 die Manndeckung anwenden	... haben die Spielstruktur verstanden.

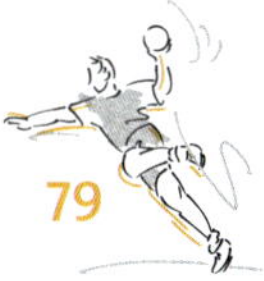

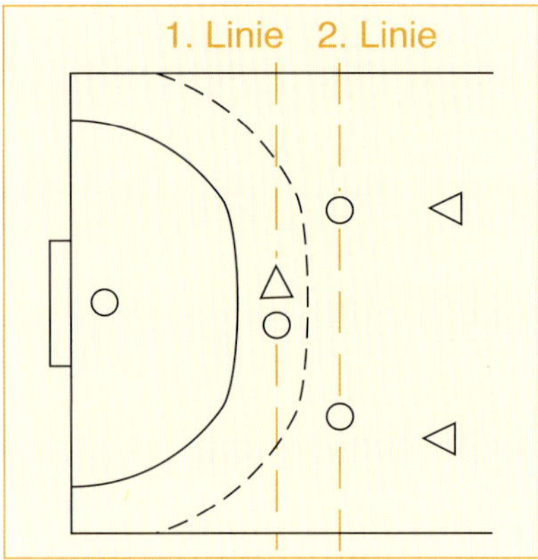

Abb. 33: Das Zwei-Linien-Prinzip im Spiel 3 gegen 3

didaktischen Entscheidung für einen bestimmten Inhalt klare Aussagen: Einhellig wird zur Einführung der Raumdeckung das Zwei-Linien-Prinzip empfohlen. Dies bedeutet, dass die Abwehrspieler, zunächst einmal unabhängig von der Spielerzahl pro Mannschaft, eine Grundaufstellung einnehmen, die sich graphisch in zwei Linien darstellen lässt. Abbildung 33 stellt dieses Grundprinzip auf der Basis einer Mannschaft mit 3 Spielern dar.

Die Argumente für dieses Vorgehen sind dabei folgende:

- Eine *Zwei-Linien-Verteidigung* hat automatisch zur Konsequenz, dass ein Teil der Verteidiger offensiv spielt. Dies entspricht viel eher einem kind- und schülergemäßen Ansatz als defensives und häufig passives Abwehrverhalten. Kinder und Jugendliche sollen lernen, einen Ball zu erobern.
  Im Übrigen korrespondiert dieses Argument auch mit den derzeit praktizierten Wettkampfregeln im Schulwettbewerb „Jugend trainiert für Olympia“: Dort ist in den Wettkämpfen III und IV eine solche Verteidigungsform Pflicht. Gleiches gilt für den Jugendspielbetrieb der Landesverbände, wo – je nach Landesverband – eine Zwei-Linien-Verteidigung teilweise bis zur C-Jugend gespielt werden muss.
- Darüber hinaus enthalten *Zwei-Linien-Aufstellungen* neben ihrer Orientierung im Raum immer auch Elemente der Manndeckung, so dass sie als Übergang von der Mann- zur Raumdeckung betrachtet werden können. Insofern ist es aus methodischer Sicht sinnvoll, diese Verteidigungsform als nächsten Schritt zu wählen.

Somit kann festgehalten werden, dass die Einführung in das einfache Spielsystem *Zwei-Linien-Verteidigung* einen Schwerpunkt für den Schulhandball der Mittelstufe darstellt, der selbstverständlich durch Wiederholungen und Vertiefungen individualtaktischer Kompetenzen zu ergänzen ist. Letzteres erfolgt vor allem in den Doppelstunden 11 und 12, die Doppelstunde 13 ist hingegen eher gruppentaktisch orientiert.
Das übergeordnete Ziel im **Angriff** sieht ähnlich aus: Die Schüler sollen lernen, sich in einem einfachen Angriffsystem koordiniert zu

bewegen, indem sie – wiederum von der Zahl der Spieler pro Mannschaft abhängig – ausgewählte Angriffspositionen besetzen und auf diesen koordiniert zusammen spielen.
Vielfältige Erfahrungen haben gezeigt, dass bei diesem Vorgehen ein Problem entstehen kann, das vorläufig einmal als Standhandball bezeichnet wird. Auf das Spiel übertragen bedeutet dies, dass die Schüler ausschließlich auf ihren Positionen stehen und dort individuell agieren anstatt dem Prinzip „Laufen statt Stehen" (König, 2009) zu folgen.
Vor diesem Hintergrund sind noch einmal folgende technisch-taktische Anforderungen im Angriff zu rekapitulieren: Das Angriffsspiel beruht im individuellen Bereich auf dem sogenannten *Bewegungsstoß*. Darunter ist die Ballannahme und Ballabgabe in der Vorwärtsbewegung in Richtung Tor zu verstehen. Dieser Ablauf stellt hinsichtlich seines Timings, aber auch seiner technischen Anforderungen für Schüler ein nicht zu unterschätzendes Problem dar. Insofern gilt die Einführung des Bewegungsstoßes als ein erster Schwerpunkt bei der Angriffsschulung in der Mittelstufe (vgl. hierzu Doppelstunde 8). Allerdings muss diesbezüglich nicht bei Null begonnen werden, da die Grundidee des Laufens und Passens auch in der Unterstufe (vgl. Doppelstunde 3) in vereinfachter Form („Klima-Viereck" und Passen im Dreieck) bereits behandelt wurde; ggf. können diese Inhalte auch nochmals wiederholt werden.
Ein zweiter Schwerpunkt soll das durch den Bewegungsstoß dynamisch werdende Spiel mit Laufelementen verknüpfen. Aus dem Wettkampfhandball kennt man solche Laufelemente als *Übergänge*. Gemeint sind damit Laufbewegungen, mit denen ein Rückraum- oder ein Außenspieler an den Kreis einläuft und dort für eine begrenzte Zeit die Aufgaben eines (zweiten) Kreisläufers einnimmt. In Abbildung 34 ist dies anhand einer vereinfachten Spielsituation im Spiel 3 gegen 3 dargestellt.

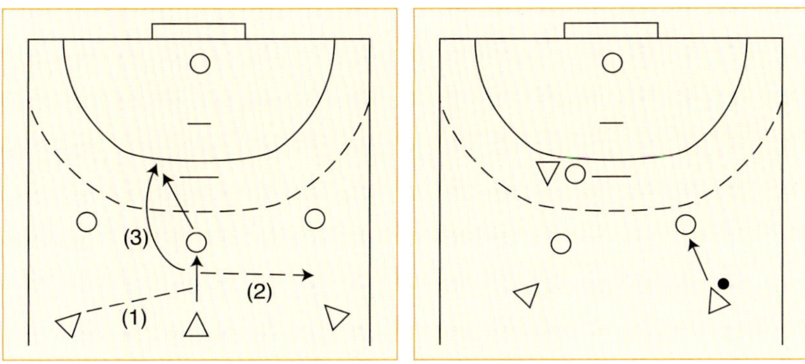

Abb. 34: Übergang von Rückraum Mitte im Spiel 3 gegen 3

Neben dem einfachen taktischen Ablauf deutet der Einsatz von Übergängen auch eine Reihenfolge bei der Einführung der Angriffspositionen an: Ausgangspunkt sollten die Rückraumpositionen sein; diese Spieler stehen in ihrer Ausgangsposition in relativ großem Abstand mit dem Gesicht zum Tor, vergleichbar mit den Außenspielern im Basketball (vgl. **Doppelstunde Basketball**). Mit Hilfe der Übergänge ergibt sich dann zwingend die Notwendigkeit, die Kreisspielerposition einzuführen. Kreisspieler agieren am Wurfkreis (an der Wurflinie) mit dem Rücken zum Tor, sie sind also mit den Innenspielern im Basketball vergleichbar. Die Position der Außenspieler links und rechts (Grundaufstellung: außen, mit dem Gesicht zum Tor, Abstand eher gering) lässt sich dann eher problemlos mit der Erhöhung der Spielerzahl einführen. Deutlich wird in dieser Darstellung letztendlich auch, dass ein solches angriffstaktisches Verhalten konsequenterweise eine Zwei-Linien-Verteidigung nach sich zieht, da ansonsten in der Abwehr auf Dauer viel zu unökonomisch gespielt werden muss.
Die Einführung in das einfache Angriffssystem „Übergänge“ stellt folglich einen zweiten Schwerpunkt für den Schulhandball der Mittelstufe dar, der selbstverständlich ebenso wie im Bereich der Abwehr durch Wiederholungen und Vertiefungen individualtaktischer Kompetenzen zu ergänzen ist. Dies erfolgt in den Doppelstunden 9 und 10.

Neben diesen inhaltlichen Schwerpunkten und den damit verbundenen Zielüberlegungen sind noch weitere Überlegungen zur **Unterrichtsgestaltung** in der Mittelstufe zu diskutieren. Sie beziehen sich zum einen auf konkrete Hinweise zur Vermittlung von taktischen Kenntnissen und zum anderen auf mögliche organisatorische Schwierigkeiten.

1. Hinsichtlich der **Vermittlung taktischer Kenntnisse** existiert in der Zwischenzeit ein internationaler Konsens, dass mit fortschreitendem Niveau solches Wissen zunehmend gezielt zu vermitteln ist. Im Gegensatz zu Spielanfängern, die man vor allem auch frei und unangeleitet spielen lassen sollte, erfordert eine Weiterentwicklung der handballspezifischen Spielfähigkeit in Abwehr und Angriff die bewusste Vermittlung von Lösungsstrategien. Hierzu wurde bereits 1982 von Bunker und Thorpe der Ansatz des *Teaching Games for Understanding* (TGfU) entwickelt, der hinsichtlich der Lehreraktionen und – damit verbunden – einer Vernetzung von Spielen und Üben klar Position bezieht; das Grundprinzip ist in Abbildung 35 dargestellt.

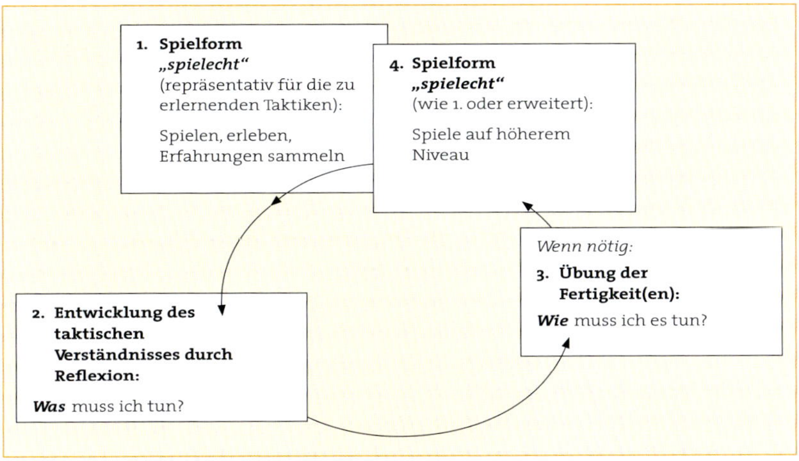

Abb. 35: Das (modifizierte) Grundprinzip des TGfU (Wurzel, 2008, S. 343)

Dieses methodische Vorgehen soll an einem Beispiel verdeutlicht werden (vgl. Braun, Goriss & König, 2010; Fisette, 2006, S. 269 f.):

- Als Ausgangspunkt wird das Spiel 3:3 in einem Kleinspielfeld gewählt (vgl. auch Doppelstunde 12). Spielziel, Regeln und taktische Handlungsmuster werden klar vorgegeben bzw. abgesprochen. Im Sinne des TGfU entspricht dies der 1. Spielform. Lehrkräfte haben jetzt die Aufgabe das Schülerverhalten genau zu beobachten und nach typischen taktischen Problemen bzw. Lösungen zu suchen.
- Diese Beobachtungen sind der Ausgangspunkt für gezielte und anregende Fragen, die vorzugsweise mit den Fragewörtern was, wo, wann, welcher, warum, etc. beginnen; auf diese Weise sollen die Schüler für Lösungen des taktischen Problems sensibilisiert werden und Kenntnisse erwerben, die ihnen sagen, was zu tun ist (2); es wird taktisches Verständnis durch Reflexion entwickelt.
- Anschließend sind Übungen anzubieten (3), mit Hilfe derer die Schüler die Situation als geschlossene Aufgabe lösen lernen, es steht die Frage nach dem „wie“ im Mittelpunkt. Im vorgegebenen Fall könnten dies Doppelpassübungen mit dem eingelaufenen Spieler sein.
- Dieser Übungsphase folgt erneut Spiel 1 oder aber ein Spiel auf höherem Niveau (4), z. B. Spiel 4 gegen 4, auch Spiel 2 genannt.

2. **Unterrichtsorganisation:** Im Gegensatz zu den Doppelstunden der Klassen 5 und 6, deren Spielphasen zu großen Teilen mit Querspielfeldern organisierbar waren, erfordern die Doppelstunden für die Klassen 7 bis 9 größere Spielfelder. Dies bedeutet auch, dass Handballunterricht ab Klasse 7 in einem Hallendrittel (20–25 x 14 m) schwierig zu organisieren ist. Dennoch sollten diese Raumanforde-

rungen kein K.-o.-Kriterium für Handball als Schulsport sein, lassen sich doch durch Spontaneität und rechtzeitige Absprache akzeptable Lösungen finden. Die folgenden Möglichkeiten bieten sich an:

- Wer tatsächlich nur ein Hallendrittel zur Verfügung hat, kann darin 2 Spielfelder mit der Größe 20 x 6 m organisieren. Ein solches Spielfeld lässt durchaus ein Spiel 3 gegen 3 mit Torwart zu, so dass insgesamt 16 Schüler gleichzeitig spielen können. Wer diese Spielform noch als *Dreier-Handball* organisiert, kann mit 22 Schülern gleichzeitig agieren.
- Sportlehrer, die in einer Mehrfachturnhalle unterrichten, sollten für den Handball-Unterricht unbedingt eine langfristige und rechtzeitige Absprache mit den parallel unterrichtenden Kollegen treffen. Auf diese Weise wird es möglich Hallenkapazitäten, die durch Schwimmen, Leichtathletik oder andere Outdoor-Sportarten frei werden, zu nutzen. Dies kann dazu führen, dass eine Gesamtfläche von 20 x 28 m zur Verfügung steht, so dass ohne Probleme 3 Spielfelder mit einer Größe von 20 x 8 m organisiert werden können. Führt man dann das oben genannte Rechenbeispiel nochmals an, können 24 oder gar 33 Schüler gleichzeitig spielen. Abbildung 36 stellt diese Möglichkeit dar.

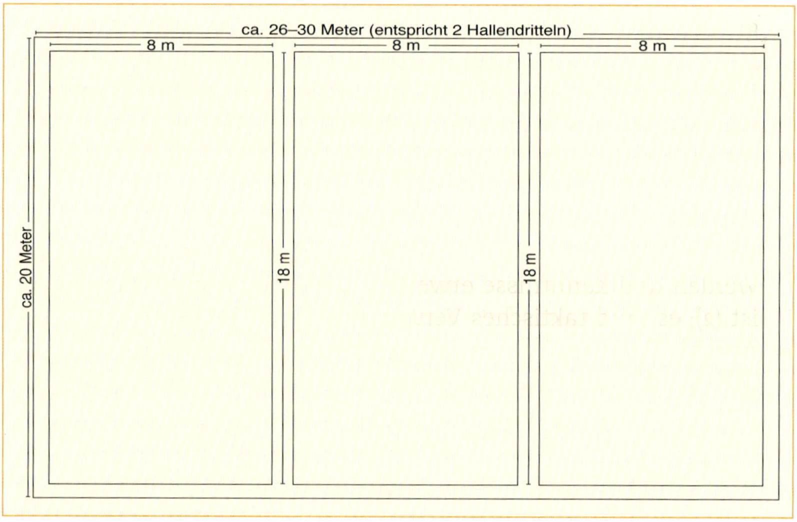

Abb. 36: Längsspielfelder bei unterschiedlichen räumlichen Kapazitäten

Somit kann abschließend festgehalten werden, dass Schulhandball in der Mittelstufe einerseits aus den zwei inhaltlichen Schwerpunkten Einführung in die *Zwei-Linien-Verteidigung* und *Laufspiel* besteht, andererseits die Umsetzung dieser Themen aber gezielte organisatorische Maßnahmen erfordert, da ansonsten der Unterrichtserfolg gefährdet ist.

2 Doppelstunde 8: Der Bewegungsstoß

Wenn im Handball der Weg vom freien zum positionsgebundenen Spiel beschritten wird, ist es notwendig den Bewegungsstoß als grundlegendes technisch-taktisches Element einzuführen. Bereits vor über 35 Jahren hat Klein (1978, S. 40) den *Bewegungsstoß* als einen von acht Grundsätzen für Angreifer beschrieben und ihn als „Ballannahme und -abgabe in einer torgefährlichen Vorwärtsbewegung [Richtung Tor – d. Verf.]“ definiert. Was sich auf den ersten Eindruck recht einfach anhört, stellt nicht nur für Spielanfänger aus zweierlei Gründen eine große Herausforderung dar:

- Anspruchsvoll sind beim Bewegungsstoß vor allem die technischen Anforderungen, da der Ball von der Seite kommend angenommen und abgespielt werden muss, wobei dieser ganze Ablauf sowohl von rechts als auch von links zu erlernen ist.
- Nicht unterschätzt werden darf auch das Timing des Bewegungsstoßes, das heißt, die Frage nach dem „wann und auf welcher Bahn laufe ich los?“, muss im Prinzip jedes Mal aufs Neue beantwortet werden.

Insofern ist es notwendig, dieses grundlegende Element vor einer Einführung des Positionsspiels in den Doppelstunden 9 und 10 zu thematisieren, wobei der Weg vom „Passen und Laufen“ zum Bewegungsstoß führt. Hierbei kommen die folgenden Spiel- und Übungsformen zum Einsatz:

- Zuerst wird mit Übungsformen gearbeitet, die den Schülern vermitteln, dass im Handball ein Ball in der Regel nur in der Bewegung nach vorne angenommen und auch wieder abgespielt wird. Solche Grundbewegungen sind den Schülern unter Umständen auch aus anderen Sportspielen bekannt, beispielsweise basiert im Basketball das positionsbezogene Angriffsspiel auf cut-Bewegungen (vgl. Braun, Goriss & König, 2014).
- Eine zweite Gruppe an Übungsformen baut auf diesen vorbereitenden Übungsformen auf, sie können als echte Vorübungen bezeichnet werden. Sie enthalten alle die typische Vorwärts-Rückwärtsbewegung und setzen diese in ortsungebundenen und positionsspezifischen Situationen um.
- Schließlich werden zur Einführung des Bewegungsstoßes teilweise auch Sektorenspiele eingesetzt, die sich im Rahmen einer Schulhandball-Konzeption bestens bewährt haben (vgl. König &

Eisele, 2002, S. 76 f.). Sektorenspiele sind dadurch charakterisiert, dass in Gleich- oder Überzahl auf ein Tor gespielt wird, wobei durchaus an einem Tor zwei Sektoren benutzt werden können. Streng genommen sind dies keine echten Spielformen, da der Wechsel von Abwehr- und Angriffstätigkeit nicht alternierend abläuft; dennoch sind sie für die Einführung des Bewegungsstoßes sehr gut geeignet und führen dazu, dass die Schüler am Ende in der Lage sind, den Bewegungsstoß in einem Spiel 3 gegen 3 umzusetzen.
Abbildung 37 stellt diese Organisationsform beispielhaft dar.

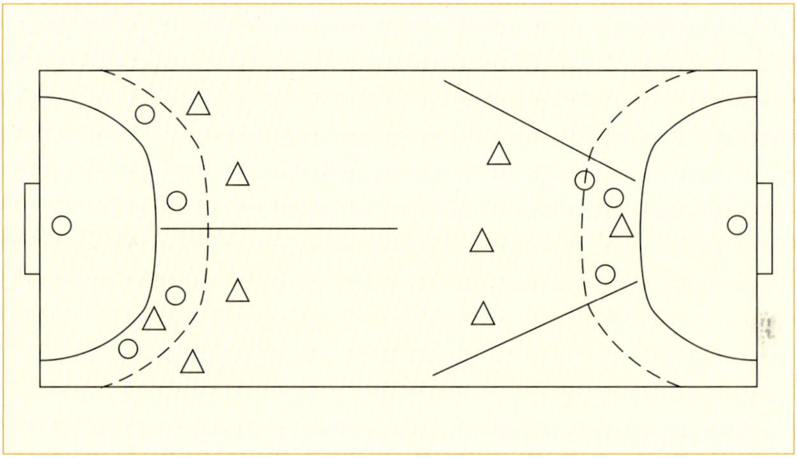

Abb. 37: Organisationsform der Sektorenspiele 3 gegen 3

Sowohl aus technisch-taktischen als auch aus motivationalen Gründen ist es wichtig, das Thema *Bewegungsstoß* mit Zusatzaufgaben, wie Torwurfübungen mit oder ohne gruppentaktischen Charakter, einzubauen. Dies hat den Vorteil, dass einerseits der funktionale Zusammenhang dieses technisch-taktischen Elements auch in den Übungsformen deutlich wird, andererseits wird wieder eine Grundsituation aus der Unterstufe aufgegriffen, nämlich Torwurf – Torwurfabwehr und damit auch erneut die Rolle des Torwarts. Gerade der letzte Punkt ist an dieser Stelle nochmals herauszuheben: Handball ist ohne Torwart nicht denkbar, auch nicht in der Schule – und genau dies ist der Grund, warum das Torwartspiel immer wieder im Unterricht explizit zu thematisieren ist.

Stundenabschnitte und Unterrichtsinhalte	Organisatorische Hinweise
Aufwärmphase	
Ballkoordinationsschulung Es werden Zweiergruppen gebildet, jede Gruppe benötigt einen Ball. • Die beiden Partner spielen sich den Ball im freien Lauf zu. • Variante 1: Die Zuspiele erfolgen über den Boden, mit dem Fuß, im Sprung, usw. • Variante 2: Kleine Zusatzaufgabe nach dem Abspiel, z. B. klatschen, hüpfen, den Boden berühren, usw.	Der gesamte Raum wird ausgenutzt.
Übungen zum Passen und Laufen • Übung 1 (Abb. 38): Passen und Nachlaufen. Variante: Laufwege mit Richtungsänderung.	Es werden Vierergruppen gebildet. 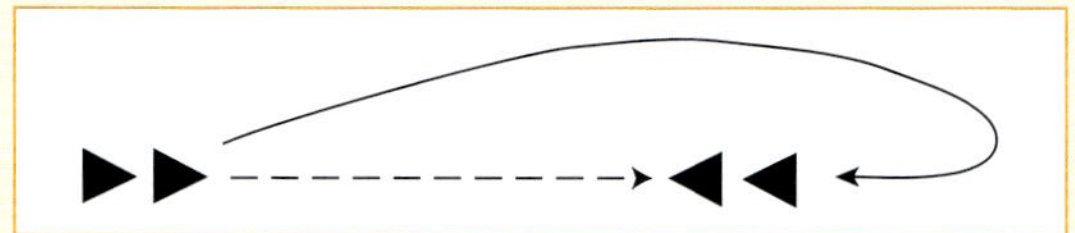 Abb. 38: Übung 1 zum Passen und Laufen
• Übung 2 (vgl. Abb. 39): Passen und Gruppe umrunden, d. h. der Passgeber läuft immer eineinhalb Mal um die Gruppe und stellt sich wieder an. Die anderen spielen sich solange den Ball zu. Danach läuft der nächste, der den Ball abspielt.	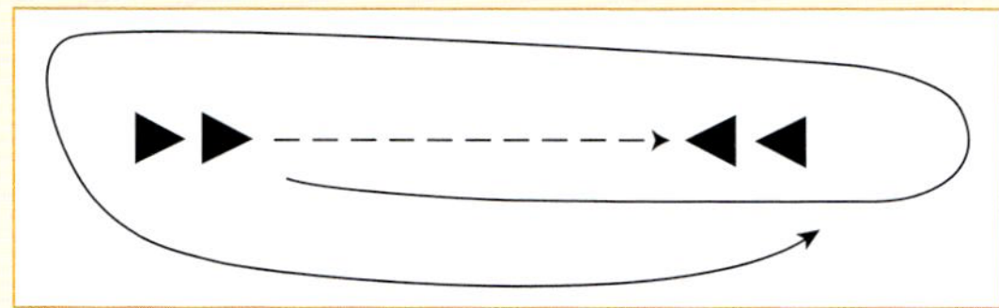 Abb. 39: Übung 2 zum Passen und Laufen
• Übung 3 (vgl. Abb. 40): Passen und parallel zum Ball laufen, wobei Spieler A versucht auf Ballhöhe zu bleiben. Die anderen spielen sich den Ball mit unterschiedlicher Geschwindigkeit zu. Variante: Laufvarianten einbauen.	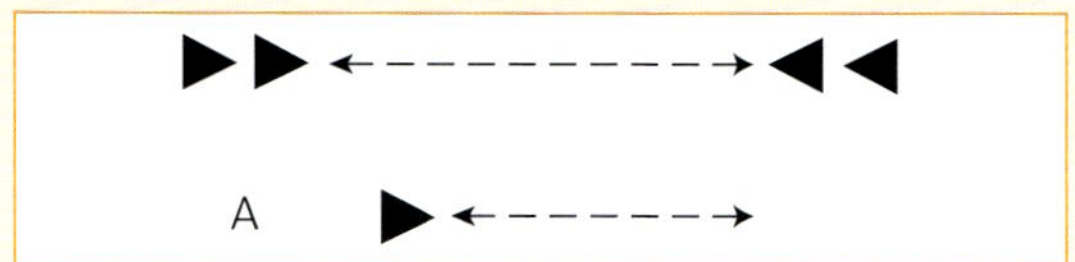 Abb. 40: Übung 3 zum Passen und Laufen

Stundenabschnitte und Unterrichtsinhalte	Organisatorische Hinweise
Spielform „Vier-Eckenball" In jeder Hallenhälfte spielen zwei Mannschaften gegeneinander. Jede Mannschaft versucht den Ball in einen Reifen, der in der Spielfeldecke liegt, abzulegen. Wichtig: Jede Mannschaft kann in jeder Ecke Punkte erzielen. Nach einem Punktgewinn erfolgt ein Wechsel des Ballbesitzes.	• 3er-Teams, 1 Reifen mehr als Spieler pro Mannschaft. • Anspiel erfolgt aus der Ecke, in der ein Punkt erzielt wurde. • Es wird ohne Tippen und Prellen gespielt.

Spiel- und/oder Übungsphase

Spielform 1 „Sektorenspiel 3–3"

Es werden auf beiden Seiten jedes Spielfeldes Sektoren eingerichtet, die ein Spiel 3–3 oder 3–2 zulassen. Pro Seite steht ein Team in der Verteidigung, 2 greifen im Wechsel an und versuchen die Idee des Bewegungsstoßes umzusetzen.

Die Mannschaften farblich kennzeichnen.

Pro Spielfeld umgedrehte Kleinkästen o. Ä. als Ballkörbe verwenden: die Lehrkraft sollte darauf achten, dass immer genügend Bälle da sind, so dass der Übungsfluss gewährleistet ist.

Übungsformen zum Bewegungsstoß – Teil 1

- Übung 1 „Viererpass 1" (vgl. Abb. 41): Die Schüler gehen in Vierergruppen zusammen, wobei sich jeweils zwei Schüler gegenüberstehen. A passt den Ball zu B, A erhält ihn in die Vorwärtsbewegung zurück und spielt zu C. C führt denselben Ablauf mit D aus. 20
- Übung 2 „Viererpass 2" (vgl. Abb. 42): Passen und Stoßen im Viereck. Wichtig ist, dass immer zum Mittelpunkt gestoßen und zur Seite gepasst wird und dass die Rückwärtsbewegung immer bis zum Ausgangspunkt erfolgt. 21

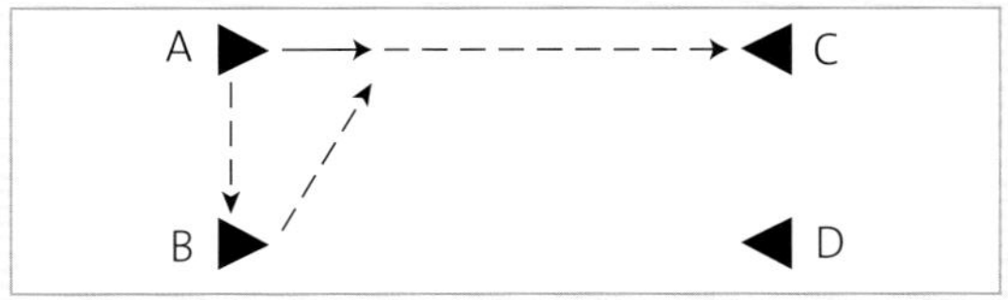

Abb. 41: Übung Viererpass 1

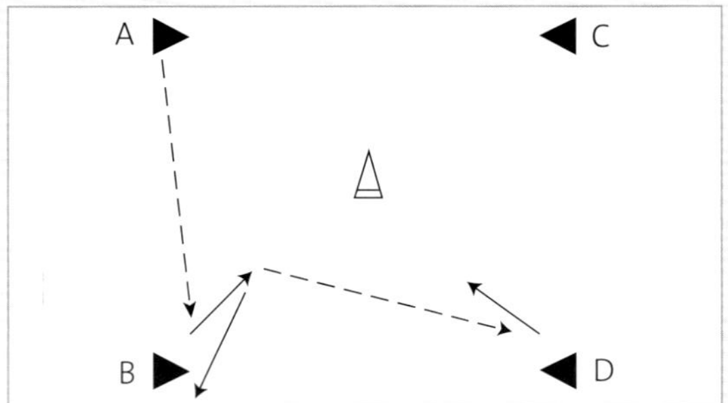

Abb. 42: Übung Viererpass 2

Übungsformen zum Bewegungsstoß – Teil 2

- Übung 3 (vgl. Abb. 43) „Passen und Stoßen auf den Angriffspositionen“: Die Gruppen bleiben bestehen und stellen sich analog der typischen Angriffspositionen auf, z. B. eine Gruppe Linksaußen und Rückraum links, eine zweite dasselbe rechts und eine dritte besetzt den Kreis und Rückraum Mitte. Der Ball wird im Bewegungsstoß zwischen den beiden Positionen hin und her gespielt.

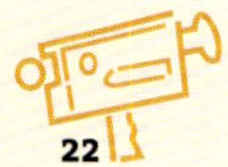

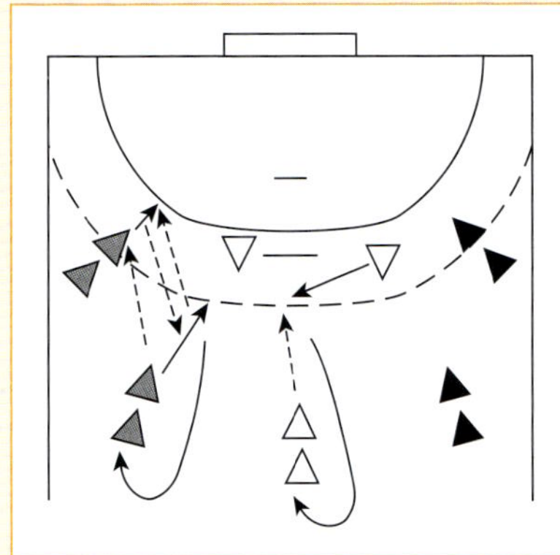

Abb. 43: Übung zum Bewegungsstoß

Spielform 2 „Sektorenspiel 3–3“ (vgl. Abb. 37, S. 86)

Es werden dieselben Sektorenspiele wie in Spielform 1 organisiert, jetzt mit dem Ziel verstärkt mit dem Bewegungsstoß zu arbeiten. Dabei sollten die Schüler immer wieder auf anderen Positionen üben; das gilt auch für die nächsten beiden Doppelstunden.
Bei entsprechenden Situationen sollte die Lehrkraft das Spiel unterbrechen und – gemäß den Prinzipien des TGfU – exemplarisch taktische Lösungen besprechen.

Die Mannschaften farblich kennzeichnen.

Pro Spielfeld umgedrehte Kleinkästen o. Ä. als Ballkörbe verwenden: die Lehrkraft sollte darauf achten, dass immer genügend Bälle da sind, so dass der Übungsfluss gewährleistet ist.

Stundenabschnitte und Unterrichtsinhalte	Organisatorische Hinweise
Spielphase	
Spielform 1 „Handball 3–3“	
Die Mannschaften spielen zunächst einmal frei und entwickeln ein Verständnis für das Spiel. In der Abwehr wird versucht das Prinzip der Manndeckung zu realisieren, so wie es aus den Klassen 5 und 6 bekannt ist. Die Schiedsrichterfunktion sollte ebenfalls von den Schülern übernommen werden. Darauf wurde in den Doppelstunden 5 bis 7 vorbereitet. Ggf. sollten zwei Schiedsrichter pro Sektor eingesetzt werden.	Je nach Hallenkapazität werden 2 oder 3 schmale Spielfelder (20 x 6–8 m) durch Hütchen, Baustellenband oder Gummiplatten abgegrenzt. Pro Spielfeld werden – je nach Schülerzahl – 2 oder 3 Teams à fünf Spieler eingeteilt. Die Teams sollten farblich markiert sein.
Ergebnissicherung	
Zur Ergebnissicherung (Funktion des Bewegungsstoßes) wird mit den Schülern nochmals ein zusammenfassendes Gespräch geführt; ebenfalls sollte dabei ein Ausblick auf die kommenden beiden Stunden mit dem Thema „Übergänge“ gegeben werden.	Anmerkung: Reflexionsphasen können jederzeit auch im Rahmen von Spielunterbrechungen dazu verwendet werden, taktische Handlungsmöglichkeiten zu analysieren. Dann sollten die Schüler aber anschließend nochmals die Gelegenheit erhalten, dies auch umzusetzen.

3 Doppelstunde 9: Angriffspositionen und Laufspiel im Spiel 3 gegen 3

Die Zielsetzungen für eine Weiterführung im Bereich der Angriffstaktik wurde in den einleitenden Überlegungen deutlich herausgearbeitet: Die Schüler sollen lernen, sich in einem einfachen Angriffssystem koordiniert zu bewegen, indem sie – wiederum von der Zahl der Spieler pro Mannschaft abhängig – ausgewählte Angriffspositionen besetzen und lernen auf diesen zusammenzuspielen. Eine solche Zielsetzung setzt voraus, dass bereits eine Einführung in das Thema Bewegungsstoß erfolgt ist, was ja auch Aufgabe der Doppelstunde 8 war. Folglich geht es jetzt darum, auf der Basis des Bewegungsstoßes einen einfachen Übergang im Spiel 3 gegen 3 zu erlernen.
Mit Blick auf das angriffstaktische Verhalten einer Mannschaft erfordert diese Zielsetzung auch eine Abkehr vom freien Spiel der Klassen 5 und 6 zu einem geordneten Spiel auf den Angriffspositionen. Ohne an dieser Stelle bereits auf die Angriffsformationen des Wettkampf-Handballs im Detail einzugehen, ist es grundlegend, Bezeichnung, Grundposition und Aufgaben der einzelnen Angriffspositionen zu kennen; in Abbildung 44 sind deshalb alle Angriffspositionen im Überblick dargestellt.
Ganz wichtig ist, dass eine solche Einführung der Angriffspositionen nicht im Spiel 6 gegen 6 erfolgt, sondern im Rahmen von vereinfachten Formen. In der Doppelstunde 9 wird hierfür das Spiel 3 gegen 3 gewählt, wofür die folgenden Gründe sprechen:

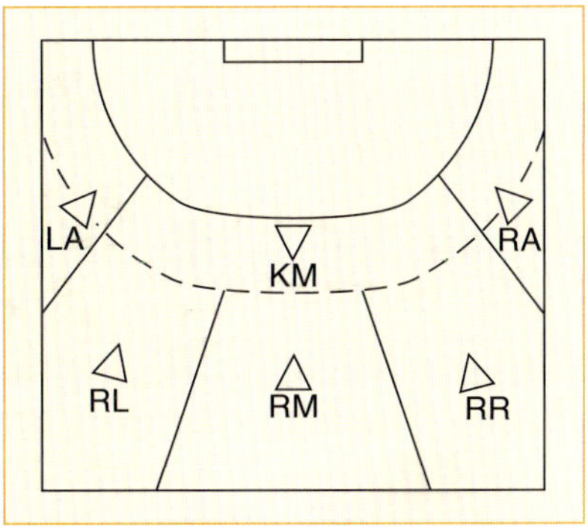

Abb. 44: Die *Angriffspositionen* im Handball (vgl. Glossar)

- Im Spiel 3 gegen 3 lassen sich mittels eines einfachen Übergangs sowohl die drei Rückraumpositionen als auch die Kreisposition einführen.

- Das Spiel 3 gegen 3 lässt sich (vgl. Kapitel III.1) ohne größere Probleme in einem oder zwei Hallendritteln so organisieren, dass relativ viele Schüler gleichzeitig spielen können.
- Mit dem Spiel 3 gegen 3 wird eine Komplexitätsstufe gewählt, die den Schülern aus der Unterstufe bekannt ist; dort ist das Zielspiel die Form 3 gegen 3 (vgl. Doppelstunde 7), so dass nach einigen wiederholenden Spielphasen (vgl. Doppelstunde 8) die Schüler ihrem Können angemessen spielen können.

Die Einführung eines einfachen Übergangs stellt dann die erste Erschwerung im Sinne der in Kapitel I thematisierten vertikalen Progression dar. Übergänge sind Laufbewegungen von Rückraum- oder Außenspielern an den Kreis und werden deshalb als taktisches Mittel eingesetzt, um die Abwehr zu einer Umstellung zu zwingen und ihr damit automatisch Probleme zu verschaffen. Wichtig ist, dass der ausführende Spieler den Übergang grundsätzlich nach einem Abspiel, d. h. ohne Ball einleitet und an den Kreis einläuft. In Abbildung 45 ist dieses Prinzip am Beispiel eines Übergangs von Rückraum Mitte dargestellt.

Wenn der Spieler seine neue Position eingenommen hat, agiert er automatisch in der Funktion des Kreisläufers, d. h. er bietet sich zu Doppelpässen an und kann selber aus der Nahwurfzone auf das Tor werfen, was technische Fertigkeiten wie Passen und Fangen, Lauftäuschungen und den Sprungwurf aus der Drehung erforderlich macht. Diese technischen Aufgaben können, mit Blick auf den TGfU, auch aus dem Spielgeschehen herausgefiltert werden und im Sinne des in der Einleitung beschriebenen Unterrichtsprinzips „Vom Spielen zum Spielen und Üben“ in Form von Übungsformen erlernt bzw. automatisiert werden.

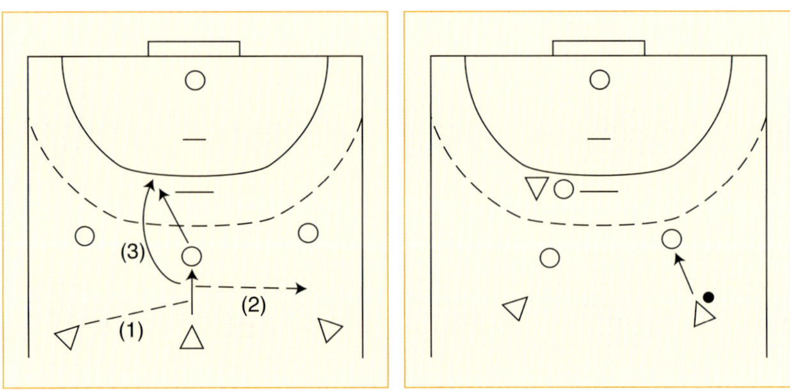

Abb. 45: Übergang von der Rückraum Mitte Position im Spiel 3 gegen 3

Mit Blick auf das methodische Vorgehen ist noch darauf hinzuweisen, dass es sich beim Wiederholen und Festigen des Bewegungsstoßes, beim Kennenlernen der Positionen und dem Einführen eines Überganges von RM anbietet, zuerst in Überzahl 3 gegen 2 zu spielen. Das folgende Vorgehen wird empfohlen:

- Zuerst sollte mit 3 Rückraumspielern der Bewegungsstoß im Spiel gefestigt werden.
- Anschließend geht es darum, beim Spiel mit zwei Rückraumspielern und einem Kreisläufer das Freispielen des Kreisläufers zu schulen.
- Erst im 3. Schritt folgt der oben beschriebene Übergang von RM, ebenfalls zuerst im Spiel 3:2 zu üben.

Wichtig ist, dass vor allem bei schwächeren Gruppen nicht zu schnell auf das Spiel 3–3 übergegangen wird. Selbstverständlich kann auch während des Unterrichts differenziert werden, auf das eine Tor üben und spielen die besseren Gruppen im 3–3, während die schwächeren Gruppen auf das andere Tor weiterhin im 3–2 üben.

Stundenverlauf Doppelstunde 9: Angriffspositionen und Laufspiel im Spiel 3 gegen 3

Stundenabschnitte und Unterrichtsinhalte	Organisatorische Hinweise
Aufwärmphase	
Übungsformen zum Passen und Fangen	Die Gruppen sollen den ganzen, zur Verfügung stehenden Raum ausnutzen.
• Übung 1: Es werden Zweiergruppen gebildet, jeder Schüler erhält einen Ball. Die beiden Partner spielen sich die Bälle in der freien Bewegung zu.	
• Varianten: Abstand bewusst verändern, verschiedene Fortbewegungsarten, ein Ball wird mit dem Fuß gespielt.	
• Partner A läuft rückwärts, B vorwärts, der Ball wird auf unterschiedliche Art hin- und hergepasst.	Einen Ball zur Seite legen (in einen Ballkasten). Als Laufstrecke die Hallenbreite oder -länge wählen.
Vorübung zum Bewegungsstoß	
• Übung 1 (Wiederholung aus DS 8): Die Zweiergruppen bleiben bestehen und stellen sich analog der typischen Angriffspositionen auf, z. B. eine Gruppe Linksaußen und Rückraum links, eine zweite macht dasselbe rechts und eine dritte besetzt den Kreis und Rückraum Mitte. Der Ball wird im Bewegungsstoß jeweils zwischen den beiden Positionen hin- und hergepasst.	
• Übung 2 „Siebenerpass" (vgl. Abb. 46): Der Ball wird von Position zu Position gespielt. Es ist jede Position doppelt zu besetzen und ggf. an zwei Kreisen zu üben.	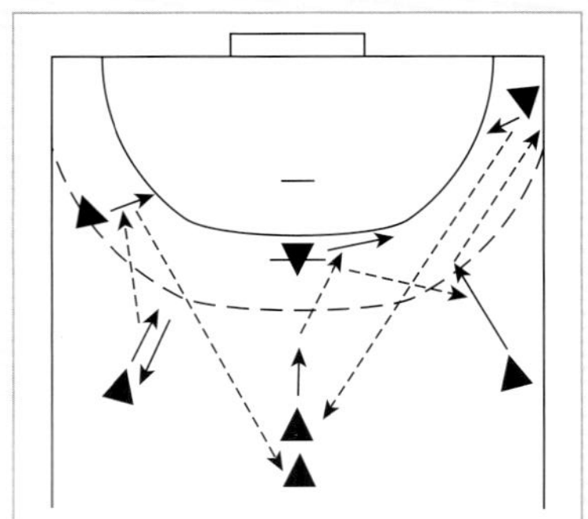 Abb. 46: Übung 2 „Siebener-Pass". 23 Ersatzbälle bereithalten
• Variante: Übung 2 mit 2 Bällen	

Stundenabschnitte und Unterrichtsinhalte	Organisatorische Hinweise
Spiel- und/oder Übungsphase	
Sektorenspiel 1 „3 gegen 2 bzw. 3 gegen 3" (vgl. Abb. 37, S. 86) 3 Rückraumspieler versuchen sich durch Bewegungsstöße freizuspielen.	
Sektorenspiel 2 „3 gegen 2 bzw. 3 gegen 3" 2 Rückraumspieler versuchen sich durch Bewegungsstöße freizuspielen oder aber den Kreisläufer anzuspielen.	Wichtig: 2 bzw. 3 Abwehrspieler bleiben für ca. 5 bis 7 Angreiferaktionen fest in der Abwehr, die Angreifergruppen greifen mehrmals nacheinander an.
Informationsphase Einführung des Übergangs Rückraum Mitte an der Tafel, Sinn und Zweck werden erläutert und ausführlich besprochen.	Wichtige Hinweise: • Aufstellung im Angriff ist von Anfang an 3:0. • Geduld, nicht zu früh den Abschluss suchen.
Spielform 2 „Sektorenspiel 3 gegen 3 bzw. 3 gegen 2 mit Übergang von Rückraum Mitte" Die Mannschaften spielen jetzt mit einem klaren „taktischen Auftrag".	24

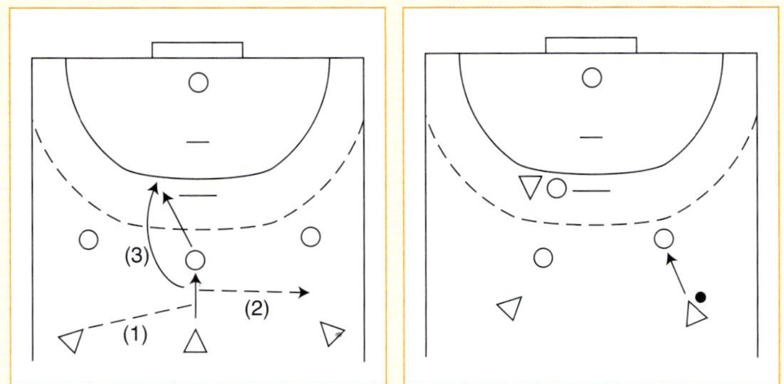

Abb. 45: Übergang von der Rückraum Mitte Position im Spiel 3 gegen 3

Stundenabschnitte und Unterrichtsinhalte	Organisatorische Hinweise
Übungsformen zum Bewegungsstoß (fakultativ)	
• **Übung 1** (vgl. Abb. 47)**:** Passen im Dreieck und Umlaufen einer Ecke. • **Übung 2:** wie Übung 1, jetzt wird von allen Ecken gelaufen. Alle Ecken mehrfach besetzen. • **Übung 3:** wie Übung 1, die Aufstellung entspricht aber jetzt der Aufstellung der 3 Rückraumspieler auf dem Spielfeld. • **Übung 4:** wie Übung 2, allerdings wird jetzt von allen Positionen gelaufen.	Wichtig: Diese Übungen verstehen sich als fakultatives Angebot, falls beim Bewegungsstoß nach wie vor größere Probleme auftreten. Sie müssen nicht im Paket absolviert werden, es können durchaus auch nur eine oder zwei Übungen eingebaut werden. 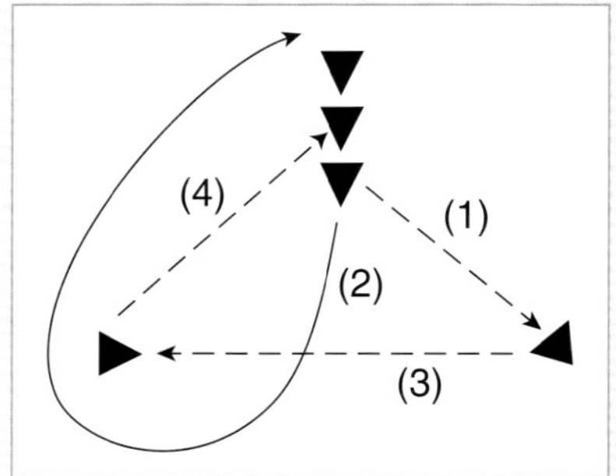 Abb. 47: Passen und Laufen im Dreieck

Spielphase

Stundenabschnitte und Unterrichtsinhalte	Organisatorische Hinweise
Reflexion	
Wer kann den Sinn der letzten Übung auf das Spiel übertragen?	Geeignete Spielsituationen zur taktischen Reflexion nutzen.
Spiel 3 „Handball 3 gegen 3“ mit Übergang von Rückraum Mitte	
Es wird auf zwei Spielfeldern gespielt, alle Mannschaften haben den Auftrag, das taktische Mittel „Übergang“ umzusetzen.	Spielform eventuell als Turnierform organisieren.
Ggf. können auch Übergänge von Rückraum links oder rechts gespielt werden.	Tore nach Übergängen zählen doppelt!

4 Doppelstunde 10: Angriffspositionen und Laufspiel im Spiel 4 gegen 4

Nach Abschluss der Doppelstunde 9, deren Inhalte im Übrigen jederzeit auch auf eine weitere (dritte) Einzelstunde oder aber sogar auf zwei Doppelstunden ausgedehnt werden können, sind die Schüler in der Lage, aus einem sehr einfachen und positionsgebunden Angriffsspiel heraus einen Übergang zu spielen. Dadurch wird die Verteidigung zu einer Umstellung gezwungen, welche im Spielverlauf häufig dazu führt, dass gute Wurfgelegenheiten entstehen. Hierbei haben sie auch, ohne dass es großartig thematisiert wurde, die Position des Kreisläufers kennen gelernt, denn ein Spieler, der einen Übergang durchführt, wird automatisch zum Kreisläufer.

Das Ziel der jetzt vorliegenden 10. Doppelstunde ist, vertieft in die Spielposition des Kreisläufers einzuführen; dies soll durch eine Erweiterung der bisherigen Spielform Handball 3 gegen 3 auf das Spiel 4 gegen 4 erfolgen. Der Grund hierfür ist der Tatsache geschuldet, dass beim Spiel 4 gegen 4 bereits in der Grundaufstellung ein Kreisspieler vorhanden ist und durch einen Übergang – das Prinzip ist ja aus der vorherigen Doppelstunde bekannt – ein zweiter hinzukommt. Somit spielen die Schüler in einer 2–2-Aufstellung, was die anschließend einzuführende Zwei-Linien-Verteidigung noch dringender notwendig macht.

Neben den üblichen Spielformen ist es deshalb ein Hauptanliegen der Doppelstunde 10, den Schülern ein paar wenige technisch-taktische Möglichkeiten des Kreisläuferspiels aufzuzeigen – so wie dies analog für das Spiel der Rückraumspieler anhand des Bewegungsstoßes erfolgt ist. Bei diesem Vorhaben werden folgende Unterrichtsschwerpunkte thematisiert:

- Ein Kreisläufer sollte in der Lage sein Lücken zu erkennen, in diese hineinzulaufen und – nach einem Anspiel – diese als eigene Wurfgelegenheiten zu nutzen. Hierzu sollten die Schüler einen Sprungwurf aus der Drehung anwenden lernen (vgl. Abb. 48a/b).
- Weiterhin müssen Kreisläufer den Ball fordern können. Ähnlich dem *Posting Up* im Basketball sollten die Schüler auch im

Handball den Rückraumspielern entgegengehen und den Ball fordern. Eine Ballannahme erfolgt dann etwa 2 Meter vor dem Wurfkreis. Aus dieser 2. Situation heraus sind dann auch Nachfolgehandlungen zu besprechen; so kann ein Kreisläufer etwa einen Doppelpass spielen (vgl. Abb. 48c) oder aber nach einer Passtäuschung selbst zum Tor ziehen (vgl. Abb. 48d).

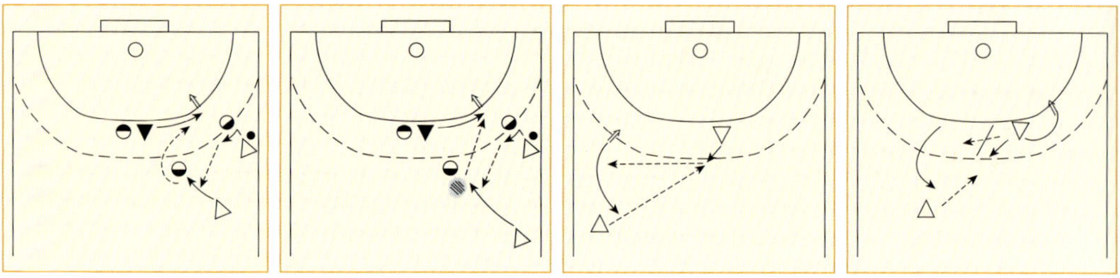

Abb. 48 a–d: Handlungsmöglichkeiten des Kreisspielers

Die Thematik des Kreisläuferspiels lässt sich in dieser Doppelstunde sehr gut mit Torwürfen verbinden, zumal das Werfen in der letzten Doppelstunde etwas zu kurz kam. Das bedeutet, dass der bisherige Schwerpunkt der Doppelstunden 8 und 9, der Bewegungsstoß, jetzt vorläufig einmal in den Hintergrund tritt und durch den Schwerpunkt Torwurf abgelöst wird. Entsprechend ist auch die Doppelstunde aufgebaut, denn sowohl bereits in der Aufwärmphase als auch im Hauptteil der Stunde werden einige Übungsformen zum „Werfen von verschiedenen Angriffspositionen" vorgestellt, bei denen einige kleine organisatorische Dinge schon im Vorfeld der Stunde zu klären sind:

- Die zur Verfügung stehende Halle sollte in jedem Fall bereits vor dem Aufwärmen in zwei Spielfelder aufgeteilt werden. Weiterhin ist dafür zu sorgen, dass bereits alle vier Tore aufgebaut werden, egal mittels welcher Geräte (echte Tore, Weichbodenmatten, Kästen, etc.) dies erfolgt.
- In der Stunde selbst sind die Schüler in vier feste Mannschaften einzuteilen, wobei jeder Mannschaft zunächst ein festes Spielfeld und ein festes Tor zugewiesen wird; nur so ist ein reibungsloser Ablauf der Torwurfübungen gewährleistet.

Stundenverlauf Doppelstunde 10: Angriffspositionen und Laufspiel im Spiel 4 gegen 4

Stundenabschnitte und Unterrichtsinhalte	Organisatorische Hinweise
Aufwärmphase	
Allgemeines Aufwärmen mit Ball	Ganze Halle ausnutzen, auf gleichmäßige Verteilung der Gruppen achten.
• **Übung 1:** Freies Passen in der Dreiergruppe, wobei die Schüler ständig in Bewegung sind und ihre Positionen verändern.	25
• **Übung 2:** Die Schüler bekommen die Nummern 1 bis 3 zugeteilt, gespielt wird allerdings wie oben in freier Reihenfolge. Auf Zuruf des Lehrers wird der aufgerufene Schüler zum Abwehrspieler und es wird eine kurze Zeit 2:1 gespielt.	
• **Übung 3:** Die Schüler bekommen Aufgaben: Nr. 1 ist der Zuspieler, Nr. 2 der Kreisläufer und Nr. 3 der Abwehrspieler. Zunächst wird wieder frei gepasst. Auf Zeichen des Lehrers versuchen Zuspieler und Kreisspieler mehrere Pässe zu spielen. Der Verteidiger stört den Kreisspieler bei der Ballannahme und -abgabe.	Der Abwehrspieler versucht den Kreisspieler mit dem Körper abzudrängen.
Torwurfübungen (1)	Die zu Stundenbeginn eingeteilten Teams gehen ohne Zeitverlust zu ihrem Tor und stellen sich – je nach Größe – in zwei oder mehreren Reihen mit Blick zum Tor auf (vgl. Abb. 49); geworfen wird abwechselnd.
• **Übung 1:** Die Schüler werfen den Ball hoch, lassen ihn einmal aufprellen, fangen den Ball und werfen im Schlagwurf auf das Tor. • **Übung 2:** Dto. mit Variation der Anlaufrichtung. • **Übung 3:** Dto., mit Sprungwurf. • **Übung 4:** Dto., plus Lauftäuschung vor dem Wurf.	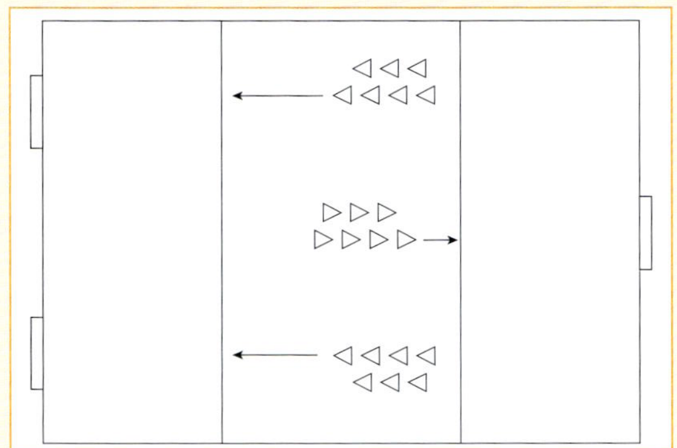 Abb. 49: Organisationsrahmen für die Übungen 1 bis 4

Stundenabschnitte und Unterrichtsinhalte	Organisatorische Hinweise

Reflexions- und Informationsphase

Bevor zur ersten Spielphase übergegangen wird, sollte der Lehrer den Übergang als taktisches Mittel wiederholen, indem Lauf- und Passwege nochmals besprochen werden.
Darüber hinaus ist die Spielphase Handball 4 gegen 4 vorzubereiten, indem die Grundaufstellung und die Positionen bzw. die Aufgaben des zusätzlichen Kreisläufers erläutert werden. Hierbei ist insbesondere auf die Grundposition des Kreisläufers einzugehen.

Spiel- und Übungsphase

Spielform 1: „Handball 4 gegen 4 als Sektorenspiel"

Die Mannschaften spielen zunächst so, wie sie es aus dem Spiel 3 gegen 3 kennen, d. h. es wird versucht mit Übergängen und unter Einbezug des Kreisläufers zu agieren. Zur Vereinfachung kann der Übergang zunächst nur von RM gespielt werden (vgl. Abb. 50).
In der Abwehr wird versucht das Prinzip der Manndeckung zu realisieren, so wie es aus den Klassen 5 und 6 bekannt ist.
Die Schiedsrichterfunktion sollte ebenfalls von den Schülern übernommen werden.

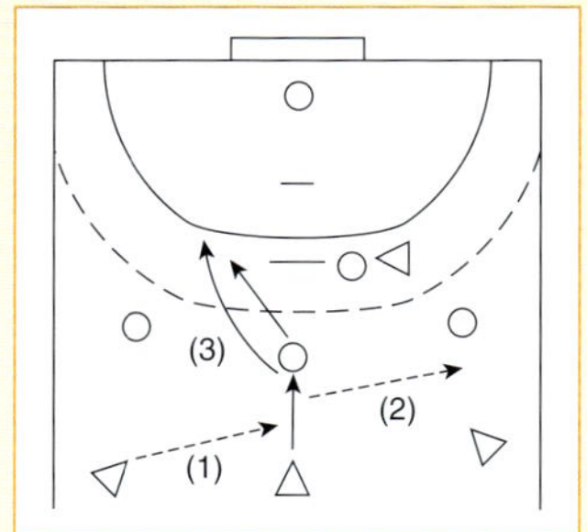

Abb. 50:
Übergang von RM
im Spiel 4 gegen 4

26

Informations- und Reflexionsphase

Gemeinsam werden nochmals die Varianten des Übergangs an einer Tafel besprochen und auf die Schlüsselstellen (z. B. Laufweg, Startzeitpunkt, etc.) hingewiesen. Hierbei sollte auch darauf geachtet werden, dass die Schüler diese Abläufe in der „Ich-Form" selbst formulieren.

Spielphase

Spielform 2: „Handball 4 gegen 4"

Es wird auf zwei Spielfeldern gespielt, alle Mannschaften haben den Auftrag, das taktische Mittel „Übergang" umzusetzen.

5 Doppelstunde 11: Zweikämpfe und individuelles Abwehrverhalten

In den bisherigen Doppelstunden für die Mittelstufe ging es darum, auf der Basis des in der Unterstufe eingeführten Zielspiels das Angriffsspiel weiterzuentwickeln – in anderen Worten: Haben die Schüler in den Klassen 5 und 6 noch ein freies Angriffsspiel praktiziert, haben sie jetzt ein Angriffsspiel mit Bewegungsstoß und einfachen Übergängen von den Rückraumpositionen gelernt. Mit Blick auf die Abwehr haben diese angriffstaktischen Mittel die Konsequenz, dass die Verteidiger gezwungen werden viel zu laufen und ständig die Position zu tauschen, was auf Dauer sehr anstrengend und damit unökonomisch ist. Insofern gilt es jetzt – entsprechend der gleichwertigen Bedeutung von Abwehr und Angriff – entsprechende „Gegenmittel" für das Abwehrspiel zu erarbeiten. Dieses Gegenmittel besteht zum einen aus einer vertieften individuellen Abwehrschulung, die den Schwerpunkt der Doppelstunde 11 und des ersten Teils der Doppelstunde 12 darstellt und zum anderen im Erarbeiten eines einfachen taktischen Rahmenkonzepts, der Zwei-Linien-Verteidigung, was einem ersten Schritt in Richtung Raumdeckung entspricht; dies ist der Schwerpunkt der Doppelstunden 12 und 13.
Grundsätzlich ist im Handball der Kern jeglicher Abwehrtaktik das individuelle Leistungsvermögen. Insofern steht dieses auch im Mittelpunkt sämtlicher Doppelstunden zum Thema Abwehr, wobei der gruppentaktische Rahmen der *Zwei-Linien-Verteidigung* vorgegeben wird. Allerdings kann das Thema Abwehrspiel im Schulhandball deshalb zu einem schwierigen Unterfangen werden, weil – etwa im Gegensatz zum Basketball (vgl. Braun, Goriss & König, 2014) – der Gegenspieler berührt, ja sogar unter Zuhilfenahme der Arme und Hände abgedrängt werden darf (vgl. Doppelstunde 6). Ein solches „Anfassen" ist für viele Schüler ungewohnt. Folglich gilt es, in einem ersten Schritt, also noch vor der Einführung von typischen 1-gegen-1-Situationen, Zweikampfformen zu thematisieren. Theoretisch sind diese auch in anderen Spielsportarten denkbar, beim Handball haben sie jedoch eine ganz besondere Funktion.

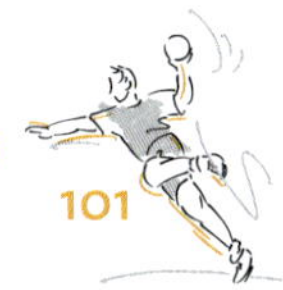

In der folgenden Doppelstunde steht deshalb das Thema Zweikampf bzw. Kampf um den Ball im Mittelpunkt, womit die folgenden Zielsetzungen verbunden sind:

- Die Schüler lernen körperbetonte Situationen aufzusuchen und sich in diesen zurechtzufinden.
- Die Schüler können einfache 1-gegen-1-Situationen technisch lösen, weshalb auch Fertigkeiten, die dem vorgegebenen Regelwerk entsprechen, vorbereitet werden; ihre Einführung wird in der Doppelstunde 12 fortgeführt.
- Die Schüler lernen das Regelwerk kennen und es anderen Sportspielen (z. B. Basketball) gegenüberzustellen.

Folglich schließt sich an dieser Stelle die Frage an, auf welche Bewegungsmerkmale Lehrer bei einer individuellen Abwehrschulung achten müssen:

Grundstellung

Im Handball nehmen die Abwehrspieler eine Grundstellung ein, die
sich durch eine schulterbreite Fußstellung, durch in den Knien
leicht gebeugte Beine, durch einen aufrechten Oberkörper und
27 durch eine „Bereitschaft signalisierende“ Arm- bzw. Handhaltung
gekennzeichnet ist (vgl. Bilder 16 und 17).

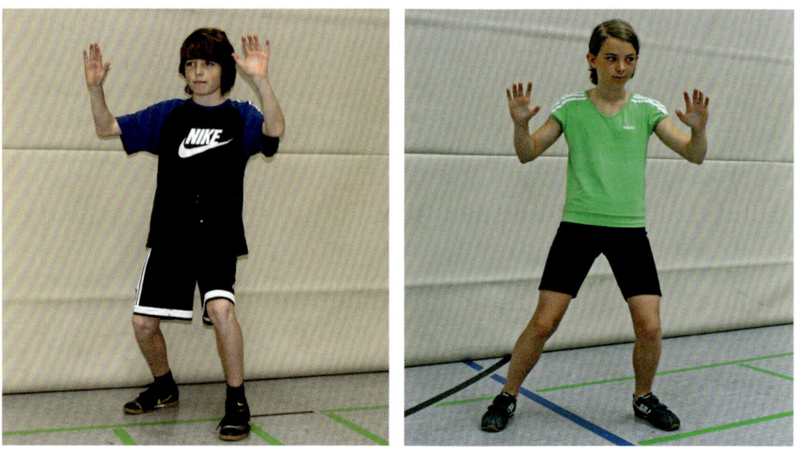

Bilder 16 und 17: Grundstellung in der Abwehr

Beinarbeit

Da ein Abwehrspieler ständig die Richtung wechseln muss, sind schnelle Nachstellschritte (Steps), aber auch kurze Sprints, die Hauptfortbewegungsart im Handball. Dies erfordert einerseits eine spezifische Technik, aber auch Koordinationsvermögen, da Nachstellschritte und Sprints in alle Richtungen, also vorwärts, rückwärts und seitwärts gefordert werden (vgl. Video 28). 28

Annehmen eines Gegners

Aufgrund der Tatsache, dass es im Handball und vor allem im Schulhandball eng hergeht, wird es ständig zu Kontakten mit Angreifern kommen, d. h. ein Abwehrspieler braucht Techniken, die ihm in dieser Situation helfen regelgerecht zu agieren. Dabei ist im Unterrichtsprozess danach zu unterscheiden, ob ein Gegenspieler mit oder ohne Ball zu bekämpfen ist.

- Gegenspieler ohne Ball: Laut Regel 8 darf ein Gegenspieler mit dem Körper gesperrt werden, auch wenn er nicht in Ballbesitz ist. Hieraus kann abgeleitet werden, dass Schüler lernen müssen, zum einen Laufwege zu verstellen und zum anderen es einem Gegenspieler ohne Ball zu erschweren in Ballbesitz zu kommen (vgl. Bild 18).
- Gegenspieler mit Ball: In der großen Mehrzahl der Fälle kommt ein Gegenspieler mit Ball von vorne und hat dabei eine relativ hohe Geschwindigkeit. Die Regeln erlauben in solchen Situationen den Einsatz der Arme, um den Gegenspieler zu kontrollieren. Vermutlich ist dies die schwerste Aufgabe im Bereich der Abwehrschulung, da man – etwa im Gegensatz zum Basketball – den Gegenspieler anfassen darf, ja sogar soll. Deshalb sollten allgemeine Zweikampfübungen Inhalt jeder Doppelstunde zum Thema Abwehr sein und es sollte großer Wert auf eine saubere Technik im Spiel 1 gegen 1 gelegt werden.

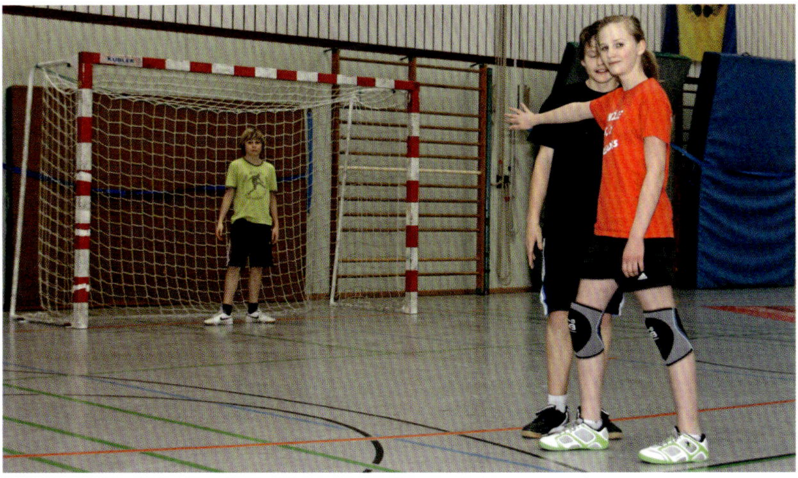

Bild 18: Abwehr gegen Spieler ohne Ball

Wichtig ist, dass ein Abwehrspieler mit angewinkelten Armen seinen Gegenspieler an den Schultern annimmt, so wie es in Bild 19 dargestellt ist.

Außerdem ist es wichtig, dass der Abwehrspieler leicht auf die Wurfarmseite versetzt steht, dabei stehen die Füße leicht diagonal (vgl. Bild 20).

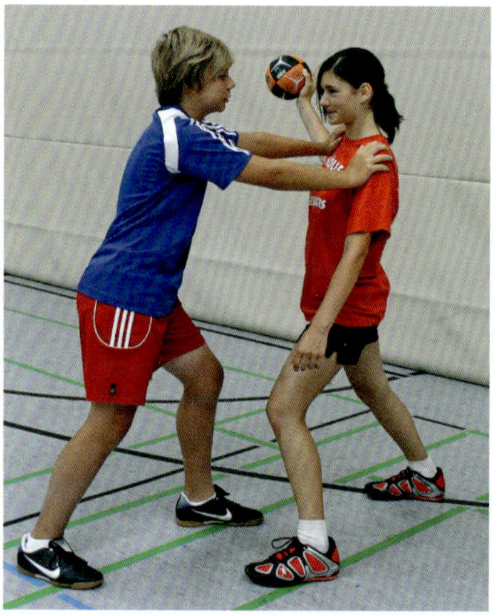
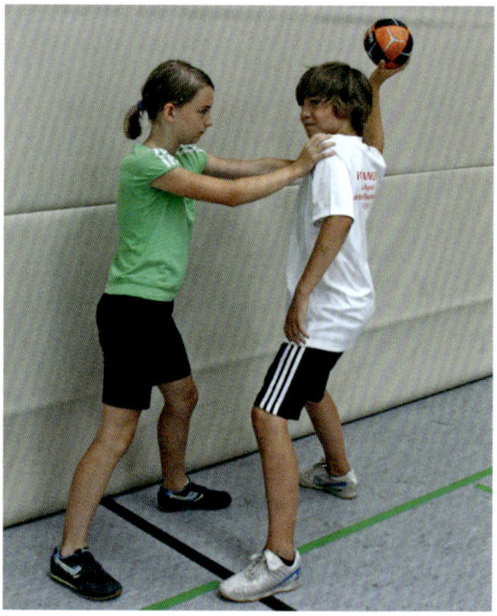

Bilder 19 und 20: Spiel 1 gegen 1

Stundenverlauf Doppelstunde 11: Zweikämpfe und individuelles Abwehrverhalten

Stundenabschnitte und Unterrichtsinhalte	Organisatorische Hinweise
Aufwärmphase	
1. Herr und Hund	
a) A läuft locker ohne viele Kurven kreuz und quer durch die Halle, B läuft rechts neben A. b) Dto. und richtige Kurven laufen. c) Dto. und rückwärts und seitwärts laufen. d) „Sitz“ und „Platz“: A läuft locker kreuz und quer und macht B „Sitz“ (Strecksitz) und „Platz“ (auf den Bauch legen) vor, B macht die Übungen nach.	Die Schüler gehen in 2er-Gruppen zusammen. Jeder Schüler hat einen Ball. Schüler A ist der Herr und Schüler B ist der Hund. B muss immer rechts von A bleiben. A und B laufen prellend durch die Halle und erfüllen Zusatzaufgaben. Nach 45–60 sec Aufgabenwechsel.
e) „Übungsmix“: Alle Übungen abwechselnd und z. B. nach „Platz“ sich auf den Rücken drehen. B muss rechts bleiben, also auf die andere Seite von A springen.	Schüler erst ausprobieren lassen und dann auf die richtige Ausführung hinweisen.
2. Zweikampfübungen	
• A und B geben sich die Hand. Beide versuchen den anderen über eine Linie zu ziehen. • Die beiden Schüler versuchen jetzt sich gegenseitig wegzuschieben. • Die beiden Schüler versuchen sich gegenseitig auf den Po zu klatschen.	Zweiergruppen bilden. Die Lehrer müssen darauf achten, dass die Schüler sich ständig bewegen und keine statischen Kraftübungen entstehen.
3. Schwarzer Mann	2–3 Schüler sind „Schwarzer Mann“ ohne Ball.
Die Schüler mit Ball müssen versuchen prellend ohne Ballverlust auf die andere Seite zu kommen. Die „Schwarzen Männer“ sollen die Bälle herausspielen.	Die anderen Schüler haben jeweils einen Ball und stehen auf der gegenüberliegenden Seite.
Wer seinen Ball verloren hat, legt ihn in den Ballwagen und wird beim nächsten Durchgang auch „Schwarzer Mann“.	Bis alle „Schwarzer Mann“ sind. 2–3 Durchgänge, die letzten beiden Schüler beginnen im nächsten Durchgang als „Schwarze Männer“.

Stundenabschnitte und Unterrichtsinhalte	Organisatorische Hinweise
Spiel- und/oder Übungsphase	
Einführung individuelle Abwehrschulung	2er-Gruppen, je Gruppe ein Ball und 2 Hütchen.
• **Übung 1:** A ist Abwehrspieler (AWS), B ist Angriffsspieler (AGS) mit Ball. B versucht durch das Hütchentor hindurch zu prellen, A versucht dies zu verhindern und den Ball herauszuspielen. a) Erprobungsphase b) Richtige Abwehrhaltung erklären (Schrägstellung und Beinarbeit): Annehmen des Gegenspielers erklären (mit angewinkelten Armen den Gegenspieler an den Schultern annehmen, Gegendruck aufbauen und Beinarbeit) – B hält den Ball in der Hand und geht in Wurfauslage, A nimmt den AGS an und übt Gegendruck aus (kämpfen!) (vgl. Bild 19/20). – Dto., B macht leichte Seitwärtsbewegungen und A übt Gegendruck aus und versucht durch Beinarbeit immer richtig zum Gegner zu stehen (Wurfarmseite).	Hütchentore ca. 2,50 m – 3 m breit. 29 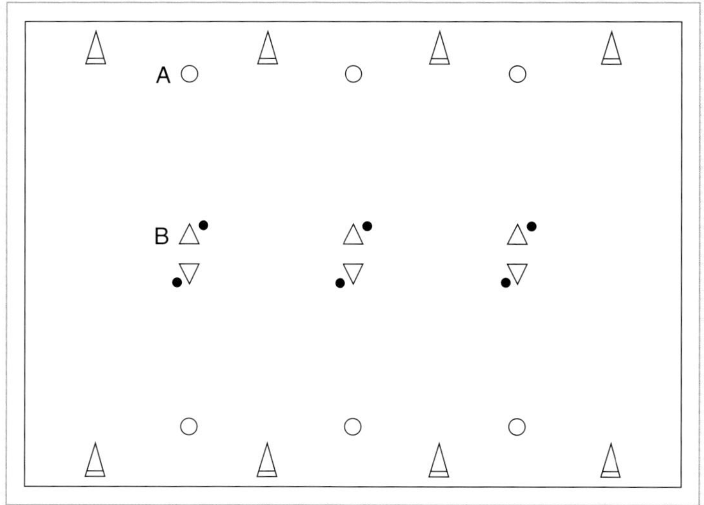 Abb. 51: Übung 1 zum individuellen Abwehrspiel 8–10 Versuche hintereinander und dann Wechsel.
• **Übung 2:** B spielt mit A einen Doppelpass und versucht danach an A vorbei durch das Hütchentor zu kommen; A nimmt B rechtzeitig an und versucht B abzudrängen und den Durchbruch zu verhindern.	Hütchentor wie bei Übung 1. 8–10 Versuche pro Schüler.
• **Übung 3:** B versucht prellend an A vorbei durch das Hütchentor zu kommen; A nimmt B rechtzeitig an und versucht durch Gegendruck und Beinarbeit den Durchbruch zu verhindern	8–10 Versuche pro Schüler

Stundenabschnitte und Unterrichtsinhalte	Organisatorische Hinweise
• **Übung 4** (vgl. Abb. 52)**:** In jedem Hütchentor steht ein Abwehrspieler, die Angreifer verteilen sich abwechselnd auf den beiden Längsseiten. Alle Angreifer starten zeitgleich und versuchen gegen den Widerstand des Abwehrspielers (Abdrängen!) durch das jeweilige Hütchentor zu prellen. Nach Abschluss der Aktion wechseln sie zur nächsten Angreiferposition auf die andere Seite.	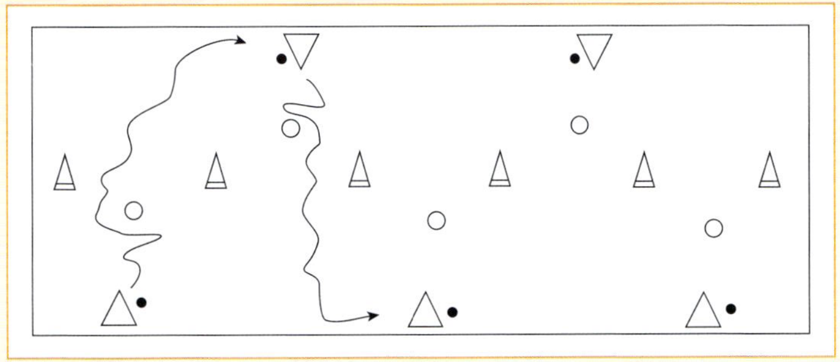 Abb. 52: Übung 4
Wettkampfform zur individuellen Abwehrschulung	
Ein Angriffsspieler versucht mit dem Fuß eine kleine Matte zu berühren. Der jeweilige Abwehrspieler versucht dies durch Abdrängen zu verhindern.	Es werden Zweiergruppen gebildet bzw. die Gruppen von oben beibehalten. Jede Gruppe erhält eine kleine Matte. Es wird 60 sec geübt und dabei die Berührungen gezählt, danach wird gewechselt.
Spielphase	
Mattenball	
Variante 1: Die Abwehrspieler positionieren sich um eine Matte und versuchen den Ballhalter rechtzeitig anzunehmen und abzudrängen. Die Angreifer versuchen den Ball auf der Matte abzulegen (Gegendruck und Beinarbeit).	Spiel 4 gegen 4 auf eine Matte Ein Wechsel sollte nach etwa 5 bis 7 Angriffen erfolgen.
Variante 2: Wie in der Doppelstunde 3 wird jetzt Mattenball auf zwei Matten gespielt; die Aufgabenstellung ist dieselbe wie in Variante 1.	5 bis 6 Spieler pro Mannschaft (vgl. Doppelstunde 3).

6 Doppelstunde 12: Von der Mann- zur Raumdeckung: Die Zwei-Linien-Verteidigung (1)

Handball ist auch deshalb ein hartes Spiel geworden, weil die Spieler im individuellen Abwehrverhalten schlecht bis gar nicht ausgebildet werden. Dies gilt ohne Einschränkung auch für den Schulsport, wo im Unterricht zu ganz großen Teilen eine Konzentration auf den Bereich des Angriffs zu beobachten ist. Dies ist eine falsche Auslegung des Spielgedankens, da Angriffstore und Abwehrtore gleichermaßen zählen; auch das häufig verwendete Argument der größeren Attraktivität angriffstaktischer Elemente ist begrenzt, da es Sache der Unterrichtenden ist, auch abwehrspezifische Elemente entsprechend interessant anzubieten, wozu das technisch-taktische Verhalten der Abwehrspieler ebenso gehört.
Insofern sind für die Gestaltung des Unterrichts zwei Konsequenzen zu ziehen:

- Attraktivität schaffen durch interessante Übungs- und Spielformen, wobei allein der Zweikampfgedanke hierzu viel beiträgt (vgl. DS 11).
- Technisch-taktische Grundlagen schaffen, indem eine klare Vorstellung von regelgerechtem Abwehrverhalten vermittelt wird (vgl. DS 11).

Gleichermaßen ist wichtig, den Schülern auch ein leistungs- und altersangemessenes taktisches Rahmenkonzept zu vermitteln, wofür zunächst eine Analyse der grundlegenden Abwehrarten durchzuführen ist.

Mann- und Raumdeckung

Orientiert man sich am Wettkampf-Handball, kann ohne große Umschweife festgestellt werden, dass dort die Manndeckung nur im unteren Jugendbereich bzw. in bestimmten Sondersituationen eingesetzt wird. Grundsätzlich wird dort nach dem Prinzip der Raum-

Tab. 5: Mann- und Raumdeckung im Vergleich

Abwehrart / Anforderungen	Manndeckung	Raumdeckung
... taktischer Art	Eher gering, da klare Zuordnung.	Eher hoch, da Gegenspieler laufend wechseln kann.
... technischer Art	Mittel bis hoch, da Ball herausspielen schwierig ist.	Mittel, da Grundstellung und Abdrängen weniger komplexe Techniken sind.
... konditioneller Art	Eher hoch, da der Abwehrspieler sich ständig an einem bestimmten Gegenspieler orientieren muss.	Weniger hoch, da jeder Abwehrspieler einen zugewiesenen Raum verteidigen muss.

deckung verteidigt, die, insgesamt betrachtet, als die ökonomischere Abwehrart gilt. In Tabelle 5 werden die beiden grundlegenden Abwehrarten nochmals mit Blick auf verschiedene, für die Vermittlung von Handball wichtige Kriterien, gegenübergestellt.
Die Frage, die sich nun stellt, bezieht sich auf die Möglichkeit einer Übertragung der Abwehrphilosophie des Wettkampf-Handballs auf Schulhandball – oder anders herum formuliert: Soll im Schulhandball ab einem gewissen Niveau auch eine Raumdeckung eingeführt werden?

Die Antwort lautet „jein!"

Schüler wären mit großer Sicherheit überfordert, wenn aus dem Handballspiel mit Manndeckung heraus sofort eine Raumdeckung, wie die 6:0- oder die 3:2:1-Abwehrformation, eingeführt werden würde. Darüber hinaus gibt es ein paar Grundsätze, die trotz einer intendierten Abkehr von der Manndeckung aufrecht zu erhalten sind:

- Nach wie vor ist im Schulhandball offensiv zu spielen, insofern verbietet sich eine defensive Raumdeckung, wie beispielweise die 6:0-Abwehr.
- Im Umkehrschluss ist festzuhalten, dass auch eine erste Raumdeckung auf einem offensiven Abwehrspiel beruhen muss. Die Schüler sollten als allererstes Ziel die Eroberung des Balles und nicht das Verriegeln des Wurfkreises im Sinne eines *italienischen Catenaccio* verfolgen.
- Trotzdem müssen auch defensive Positionen eingeführt werden, da die in den Doppelstunden 10 und 11 eingeführte Kreisläuferposition dies zwingend notwendig macht.
- Eng damit verbunden ist die Aufgabe, Abwehrtechniken aus der Manndeckung, wie z. B. das Abdrängen oder den Ball herausspielen weiter zu vertiefen: Individuelle Abwehrschulung ist nach wie vor das zentrale Element.

Stundenverlauf Doppelstunde 12: Von der Mann- zur Raumdeckung: Die Zwei-Linien-Verteidigung (1)

Stundenabschnitte und Unterrichtsinhalte	Organisatorische Hinweise
Aufwärmphase	
Grundübung „Jeder gegen Jeden“	
Jeder Schüler hat einen Ball und prellt kreuz und quer in einem Wurfkreis. Ziel ist, möglichst viele Mitschüler an der Schulter (Po, Oberschenkel, Fuß) zu berühren und selbst nicht berührt zu werden. Wer berührt wird, prellt bis zur Mittellinie, dreht dort um und kommt wieder zurück.	Pro Schüler ein Ball, bei größeren Klassen wird die Übung parallel auf beiden Seiten eines Handballfeldes durchgeführt.
Varianten: • Wer berührt wird, prellt rückwärts bis zur Mittellinie und im Hopserlauf zum Spielfeld zurück. • Wer berührt wird, prellt in Schlangenlinien bis zur Mittellinie und im Steigerungslauf zurück.	Aus Sicherheitsgründen sollten die Schüler vorwärts den Wurfkreis verlassen und dann beginnen rückwärts zu prellen.
Zweikampfübungen	
• A und B geben sich die Hand. Beide versuchen den anderen über eine Linie zu ziehen. • Die beiden Schüler versuchen jetzt sich gegenseitig wegzuschieben. • Die beiden Schüler versuchen sich gegenseitig auf den Po zu klatschen.	Zweiergruppen bilden, Bälle werden in Kleinkästen deponiert. Die Lehrer müssen darauf achten, dass die Schüler sich ständig bewegen und keine statischen Kraftübungen entstehen.
Alternative: Übungen mit Prellen ausführen.	
Spielform „Ablegeball“	
Zwei Mannschaften spielen in einem schmalen Spielfeld gegeneinander. Ziel ist, den Ball hinter der Grundlinie der Verteidigung abzulegen, wobei mit dem Ball nicht geprellt werden darf.	Die Mannschaften sollten aus 3 oder 4 Spielern bestehen und farblich markiert sein.
Reflexion	
Grundprinzipien, Vor- und Nachteile der Manndeckung, Möglichkeiten des einzelnen Verteidigers den Ball zu erobern.	

Stundenabschnitte und Unterrichtsinhalte	Organisatorische Hinweise
Spiel- und/oder Übungsphase	
Übung 1 (Wiederholung Doppelstunde 11)	
Jedes Schülerpaar baut sich ein Hütchentor mit einer Größe von 3 bis 4 Metern. Schüler B ist Angreifer und stellt sich ein paar Meter vor dem Hütchentor auf; A ist Verteidiger und stellt sich zwischen die Hütchen. B prellt auf das Tor zu und versucht die Linie zwischen den Hütchen zu überlaufen, A tritt ihm entgegen (nicht defensiv stehen bleiben!) und versucht dies zu verhindern. • Phase 1: Die Schüler sollten zuerst mögliche Lösungen erproben, der Lehrer beobachtet. • Phase 2: Unter Zuhilfenahme des Regelheftes werden die Lösungen besprochen und die richtige aufgezeigt. • Phase 3: Übungsphase.	Unbedingt die ganze Halle nutzen, auf Sicherheitsabstand zwischen den einzelnen Übungsfeldern achten. Sollte diese Übung bereits in Doppelstunde 11 sehr intensiv eingesetzt worden sein, empfiehlt sich ein Einstieg mit Übung 2. Informationen vgl. Handballregeln, Regel 8.
Übung 2 (vgl. Abb. 53) Es wird jetzt 1 gegen 1 im Rahmen einer Wettkampfform gespielt: A prellt an der Mittellinie los und versucht sich gegen B im Spiel 1 gegen 1 durchzusetzen. Gelingt dies, wird mit Torwurf abgeschlossen. Varianten: • Einsatz eines neutralen Angreifers, der auf der Kreisposition postiert wird. Er kann angespielt werden, muss den Ball aber zurückspielen => der Abwehrspieler muss jetzt gegen einen Angreifer ohne Ball agieren. • Wettkampfform: Gruppe A gegen B, wobei jeder Spieler von A für einen erfolgreichen Angriff einen Punkt bekommt, B für eine erfolgreiche Abwehr. Wer hat zuerst 3 Punkte?	Das Spielfeld wird durch die Mittellinie und eine „Längsmittellinie“ in 4 Übungsfelder eingeteilt. Jedes Feld hat ein Tor (ggf. Matten, Kästen oder Ähnliches verwenden). 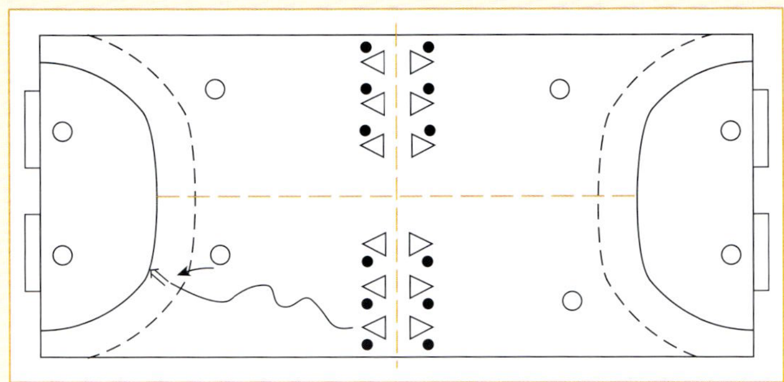 Abb. 53: Spiele 1 gegen 1 (Übung 2)

Stundenabschnitte und Unterrichtsinhalte	Organisatorische Hinweise

Übung 3 (vgl. Abb. 54)

Es wird – im selben Organisationsrahmen – 2 gegen 2 gespielt, wobei der angreifenden Mannschaft eine neutrale Anspielstation zur Verfügung gestellt wird. Die Angreifer versuchen, durch Laufbewegungen die Verteidiger in immer neue Situationen zu bringen.

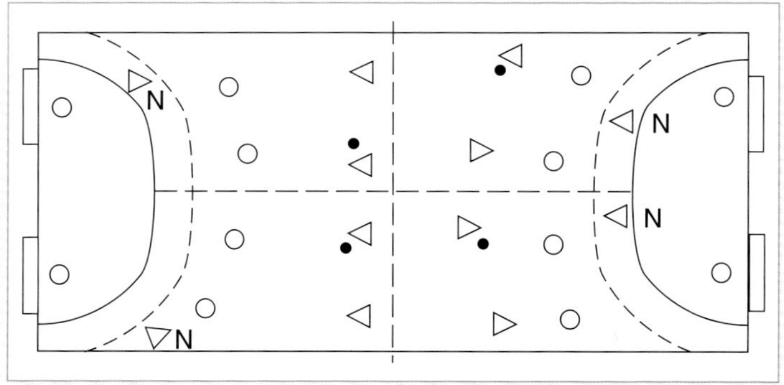

Abb. 54: Spiele 2 gegen 2 (Übung 3)

Spielphase

Spielform „Handball 4 gegen 4“

Die Spielform Handball 4 gegen 4 ist die Zielspielform der Mittelstufe. Sie wird jetzt wieder eingesetzt, wobei die Angreifer die bereits erlernten Übergänge üben und vertiefen.

Die Abwehrspieler versuchen, die erarbeiteten Fertigkeiten und Fähigkeiten in den Situationen 1 gegen 1 umzusetzen.

7 Doppelstunde 13: Von der Mann- zur Raumdeckung: Die Zwei-Linien-Verteidigung (2)

Abwehrkonzept Mittelstufe

Die Schulung des individuellen Abwehrverhaltens war vor dem Hintergrund der Notwendigkeit einer ausgewogenen Gewichtung von Angriffs- und Abwehrinhalten im Schulhandball (vgl. S. 108) Gegenstand der Doppelstunden 11 und 12. Hierzu wurden Übungs- und Spielformen für Zweikämpfe sowie verschiedene Wettkampfformen in positionsungebundenen und positionsgebundenen Situationen vorgeschlagen. Mit Blick auf die im ersten Kapitel der **Doppelstunde Handball** beschriebenen Merkmale des Spiels (vgl. S. 12 ff.) sowie die in der Doppelstunde 12 herausgearbeiteten Anforderungen für Mann- und Raumdeckung (vgl. Tab. 5), darf ein Konzept für die Vermittlung von Schulhandball nicht auf dieser Stufe stehen bleiben. Es ist deshalb angezeigt, sich über die Einführung einer angemessenen Abwehrkonzeption Gedanken zu machen, die selbstverständlich in ein taktisches Gesamtkonzept passen muss.
Dieses Gesamtkonzept wird im Folgenden in einem ersten Schritt beschrieben; ein zweiter Abschnitt befasst sich dann – unter Bezugnahme auf Kapitel 1 (S. 18) – mit der konkreten Beschreibung und Analyse der Zwei-Linien-Verteidigung im Hinblick auf die in der Oberstufe anzustrebende 1:5-Abwehrformation.

Fasst man alle diese Punkte zusammen, dann ergibt sich für den Schulhandball der Mittelstufe die folgende taktische Grundstruktur für Handball (vgl. Abb. 55).
Dieses Modell zeigt klar, dass die Zwei-Linien-Verteidigung als angemessene Antwort auf das Angriffsspiel mit Übergängen betrachtet wird und folglich noch zu klären ist, welche Konsequenzen diese Leitidee auf inhaltlicher Ebene hat: Nachdem in den Doppelstunden

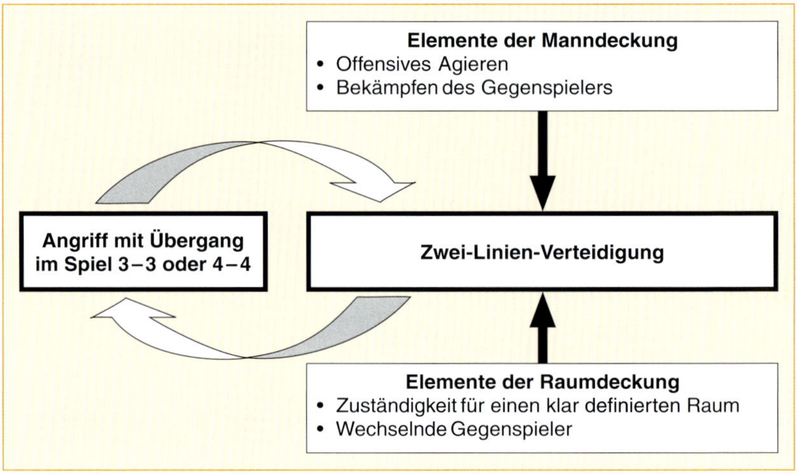

Abb. 55: Angriffsspiel mit Übergang und Zwei-Linien-Verteidigung als komplementäre taktische Strukturen

11 und 12 bereits die Ziele für die individuelle Abwehrschulung eindeutig formuliert worden sind, geht es in der Doppelstunde 13 zusätzlich darum, dass die Schüler lernen, in einem einfachen und raumorientierten taktischen Rahmen als Verteidiger zu agieren. Hierzu bieten sich die in der vorangegangenen Stunde eingeführten Wettkampfformen als Ausgangspunkt an; sie sind dann durch entsprechende Raumvorgaben und die Einführung ausgewählter taktischer Prinzipien so zu variieren bzw. zu erweitern, dass die Schüler am Ende der Doppelstunde 13 in der Lage sind, im Spiel 4 gegen 4 nicht nur im Angriff einfache gruppentaktische Maßnahmen umzusetzen, sondern auch in der Abwehr ökonomisch und effektiv zu kooperieren. Folgende Prinzipien sollten in Abwehr-Angriff-Situationen umgesetzt werden:

- Geht mein Gegenspieler mit Ball Richtung Tor, bekämpfe ich ihn offensiv.
- Wechselt mein Gegenspieler mit dem meines Partners die Position vor der 9-m-Linie, übernehme ich den Gegenspieler meines Partners (und umgekehrt).
- Läuft mein Gegenspieler ohne Ball an den Kreis ein, versuche ich ihm den Laufweg zu verstellen bzw. ihn zu begleiten.
- Hat der Gegenspieler meines Partners den Ball, bewege ich mich ein Stück in seine Richtung, damit ich ihm eventuell helfen kann.

Abwehrformation „Zwei-Linien-Verteidigung"

Die Überlegungen zu einem Abwehrkonzept Mittelstufe haben im vorangegangenen Abschnitt einige wichtige Ideen und grundlegende Prinzipien deutlich gemacht; sie sind durch wenige weitere Überlegungen zu ergänzen:

- Nachdem in der Doppelstunde 12 die grundlegenden Abwehrarten der Mann- und Raumdeckung bezüglich ihrer Anforderungen analysiert wurden, konnte einleitend verdeutlicht werden, dass das Ziel im Vermittlungskonzept Schulhandball die 1:5-Abwehrformation sein soll. Insofern ist es notwendig, für den Weg von der Manndeckung in der Unterstufe, über die positionsspezifische Zweikampfsituation zu Beginn der Mittelstufe so etwas wie eine raumdeckungsorientierte Vorform zu finden. Hierfür wurde bereits das Grundprinzip der Zwei-Linien-Verteidigung vorgestellt.
- Nachdem die Doppelstunden 8–10 die Schüler in die Lage versetzt haben, im Angriff koordiniert 4 gegen 4 zu spielen, ist jetzt die Einführung einer Abwehrformation gegen einen solchen Angriff notwendig. Bezieht man sich diesbezüglich auf das angesprochene Zwei-Linien-Prinzip und die Situation Gleichzahl, dann kann dies nur eine 1:3-Formation sein. Sie ist in Abbildung 56 dargestellt:

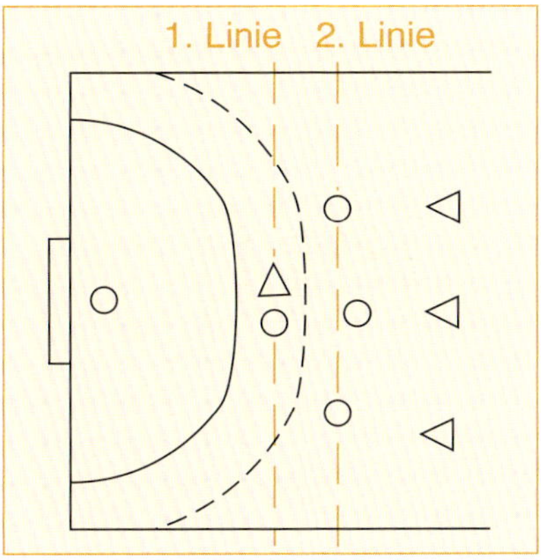

Abb. 56: Zwei-Linien-Verteidigung im Spiel 4 gegen 4

- Vergleicht man diese Aufstellung abschließend nochmals mit der Zielformation der Oberstufe, dann sind lediglich die beiden Außenverteidiger links (AL) und rechts (AR) zu ergänzen. Insofern stellt die Zielsetzung der Doppelstunde 13 einen sehr wichtigen Zwischenschritt für das Erarbeiten einer abwehrspezifischen Spielfähigkeit dar.

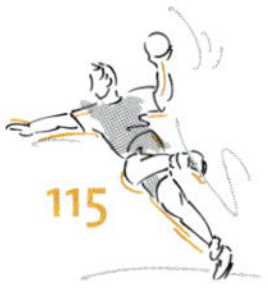

Stundenverlauf Doppelstunde 13: Von der Mann- zur Raumdeckung: Die Zwei-Linien-Verteidigung (2)

Stundenabschnitte und Unterrichtsinhalte	Organisatorische Hinweise
Aufwärmphase	
Aufwärmen Alle Schüler prellen mit dem Ball durch die Halle. Auf Zeichen des Lehrers legen alle den Ball ab und holen sich einen neuen, mit dem dann weitergeprellt wird. Varianten: • Bevor ein neuer Ball aufgenommen wird, begrüßen die Schüler zwei andere Schüler durch Handklatsch. • Nach Ablegen des eigenen Balles führen die Schüler auf dem Weg zum neuen Ball Laufvarianten, wie z. B. Hopserlauf, Sidestep, etc. aus. • Bevor ein neuer Ball aufgenommen wird, berühren die Schüler zwei weitere Bälle mit der Hand, dem Po, der Sohle, etc.	Im Sinne einer Vielseitigkeitsschulung kann diese Übung auch im Handballunterricht mit verschiedenen Bällen ausgeführt werden. Die Schüler gehen in Zweiergruppen zusammen, jede Gruppe hat einen Ball.
Reaktionsübungen (vgl. Bilder 21–24) • Übung 1: A steht mit gespreizten Beinen etwa 2 Meter vor B, B hat den Ball. B rollt den Ball durch die Beine von A; sobald A den Ball sieht, läuft er los um den Ball vor einer vom Lehrer vorgegebenen Linie aufzunehmen. A prellt zurück, es erfolgt ein Aufgabentausch. • Übung 2: A sitzt im Langsitz (Bauchlage, Rückenlage), B hat den Ball. B wirft den Ball im Bogen über A. A startet, sobald der Ball einmal den Boden berührt hat.	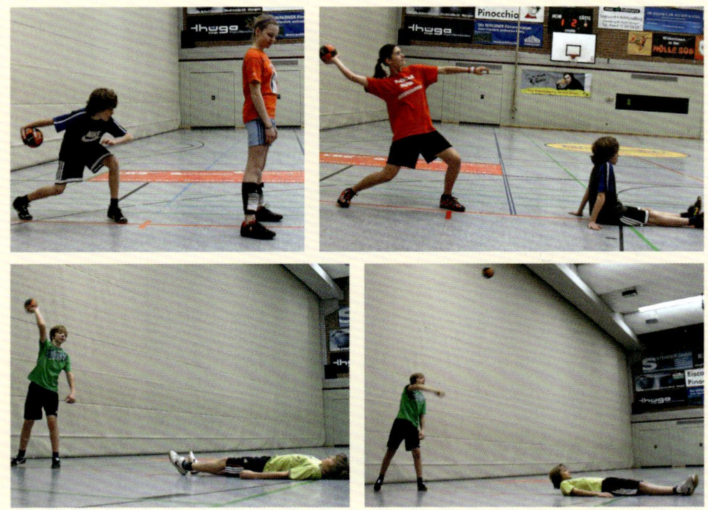 Bilder 21–24: Reaktionsübungen

Stundenabschnitte und Unterrichtsinhalte	Organisatorische Hinweise
Spielform „Wandball“ Wandball wurde als Spielform bereits in der Unterstufe eingeführt (vgl Doppelstunde 1). Die angreifende Mannschaft versucht den Ball als Aufsetzer so gegen die zu verteidigende Wand der gegnerischen Mannschaft zu werfen, dass er nach dem Wandkontakt den Boden berührt. Die Verteidiger müssen sich nach einem Wurf sofort zur Wand orientieren und den Abpraller holen.	Die Halle wird in mehrere schmale Spielfelder aufgeteilt; in jedem Feld spielen zwei 3er- oder 4er-Teams gegeneinander; sie sollten farbig markiert sein.
Spiel- und/oder Übungsphase	
Informationsphase Der Lehrer bespricht mit seinen Schülern die Grundregeln der Zwei-Linien-Abwehr, indem er die in der Einleitung beschriebenen vier Grundprinzipien erläutert und demonstriert.	Evtl. Wandzeitung, Folie, Arbeitsblatt mit den Grundprinzipien einsetzen. Grundprinzipien (vgl. S. 114) mit Hilfe von Skizzen oder einer Taktiktafel demonstrieren.
Übung 1 „2 gegen 2 plus 2“ (vgl. Abb. 57) Das Angreiferteam nimmt in der Ausgangsaufstellung die Positionen Rückraum links (A) und rechts (B) ein. Auf der linken und rechten Außenposition steht je ein neutraler Zuspieler. Es wird 2 gegen 2 gespielt, wobei die Angreifer ihre Positionen wechseln dürfen oder aber einer auch an den Kreis einlaufen darf. Die Verteidiger versuchen, nach den auf S. 114 beschriebenen Regeln zu agieren.	Zwei Kleinspielfelder sollten zur Verfügung stehen, so dass in jedem Spielfeld getrennt, aber parallel auf zwei Tore gespielt werden kann. Wichtig ist, dass pro Seite mindestens zwei Angriffsteams im Wechsel agieren; dies verhindert einen größeren Zeitverlust und garantiert deshalb auch, dass die Spielanteile für den Einzelnen so hoch wie möglich werden. 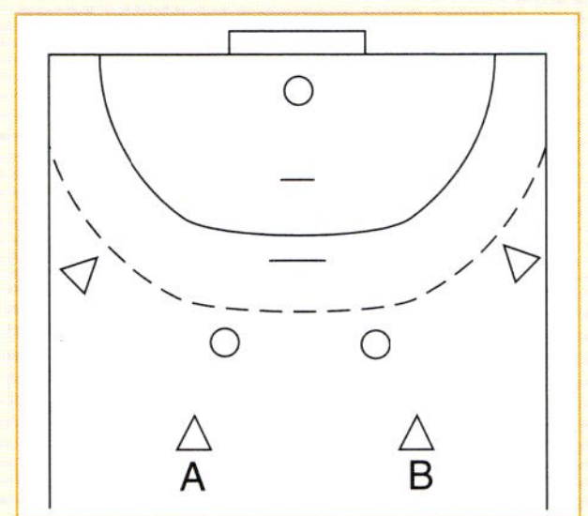 **Abb. 57: Sektorenspiel 2 gegen 2 plus 2 (Übung 1)**
Reflexionsphase 1 Es werden typische Situationen besprochen, die entweder gut oder fehlerhaft gelöst worden sind.	

Stundenabschnitte und Unterrichtsinhalte	Organisatorische Hinweise

Übung 2 „3 gegen 3 plus 2“ (vgl. 58)

Das Angreiferteam nimmt in der Ausgangsaufstellung die Positionen Rückraum links (A), Rückraum Mitte (B) und Rückraum rechts (C) ein. Auf der linken und rechten Außenposition steht je ein neutraler Zuspieler; sollten Platzprobleme entstehen, kann auch ohne diese Zuspieler geübt werden.

Es wird 3 gegen 3 gespielt, wobei die Angreifer ihre Positionen wechseln dürfen oder aber einer auch an den Kreis einlaufen darf (Übergang, vgl. Doppelstunde 10). Die Verteidiger versuchen, nach den Regeln zu agieren.

Erweiterung: „Sektorenspiel 4 gegen 4 + 2“.

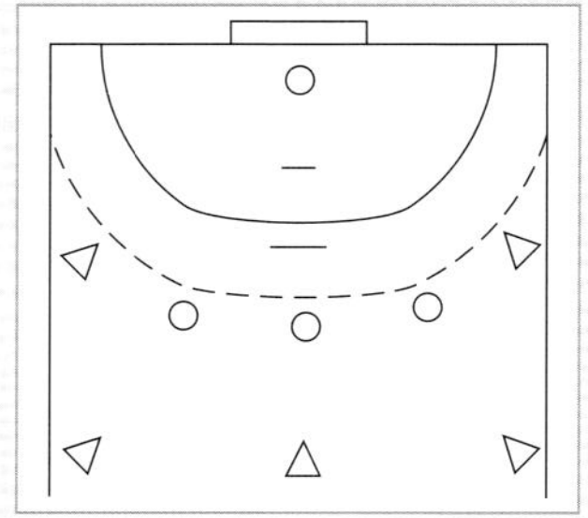

Abb. 58: Sektorenspiel 3 gegen 3 plus 2

Reflexionsphase 2

Es werden typische Situationen besprochen, die entweder gut oder fehlerhaft gelöst worden sind. Die taktischen Regeln werden nochmals zusammengefasst.

Spielphase

Spielform „Handball 4 gegen 4“

Die Spielform Handball 4 gegen 4 ist die Zielspielform der Mittelstufe. Sie wird jetzt wieder eingesetzt, wobei die Angreifer die bereits erlernten Übergänge üben und vertiefen.

Grundaufstellung im Angriff: 3 Rückraumspieler, 1 Kreisläufer.

Die Abwehrspieler versuchen die erarbeiteten Fertigkeiten und Fähigkeiten in den Situationen 1 gegen 1 umzusetzen und sich streng an die gruppentaktischen Prinzipien der Zwei-Linien-Verteidigung zu halten, die in dieser Form als 1:3- und als 2:2-System gespielt wird.

8 Doppelstunde 14: Handball 5 gegen 5: Üben und (Turnier-) Spielen

Eine Unterrichtseinheit zur Vermittlung eines Sportspiels sollte in der Regel mit einem Turnier oder zumindest mit einer längeren Spielphase, in der verschiedene Teams mehrere Spiele gegen unterschiedliche Teams ausführen, enden. Ein solches Unterfangen bietet sich für eine Integration von Schülern in die Vorbereitung der Stunde geradezu an: Turnierplan, Schiedsrichtereinteilung, etc. sind Aufgaben, die – rechtzeitige Planung vorausgesetzt – ohne Einschränkungen von Schülern übernommen werden können.
So soll auch die Doppelstunde 14 vorbereitet werden, wobei die Spielphase nicht der einzige Schwerpunkt dieser Stunde sein soll, zumal eine längere Spielphase nahelegt, sich zur Vorbereitung bzw. Einstimmung nochmals mit den Inhalten der Doppelstunden 10–13 auseinanderzusetzen.

Insofern sind die folgenden Punkte für die Doppelstunde 14 relevant:

- Zunächst ist eine längere Spielphase für den zweiten Teil der Stunde vorzubereiten, an der – je nach Schülerzahl – eine unterschiedliche Anzahl an Teams teilnimmt. Hierbei ist von einer Teamgröße von 5 Schülern auszugehen; überzählige Spieler werden als Auswechselspieler hinzugenommen.
- Eine Gruppe von Schülern soll einen Spielplan vorbereiten, der insgesamt eine Spielzeit von etwa 40 Minuten vorsieht und allen Beteiligten eine hohe Spielzeit ermöglicht. Der Spielplan sollte in der Stunde als Plakat bzw. Wandzeitung zur Verfügung stehen, so dass auch alle Ergebnisse eingetragen werden können.
- Die Spiele selbst werden – trotz der bisherigen Form 4 gegen 4 – als Handball 5 gegen 5 organisiert, was wie folgt begründet werden kann:
  (1) In den Doppelstunden 10 und 11 wurde zum einen häufig in der Konstellation 3 gegen 3 gespielt, wobei aus Angriffssicht mit Übergängen gearbeitet wurde. Dieses 3 gegen 3 entspricht exakt dem inneren Teil der Aufstellung im 5 gegen 5.

(2) In den Doppelstunden 12 und 13 wurde zum anderen mehrfach mit neutralen Anspielstationen auf den Außenpositionen geübt. Insofern sind auch diese den Schülern bekannt, so dass sie ohne Probleme mit der Aufstellung des 3 gegen 3 kombiniert werden können.

Hieraus ergibt sich die folgende Aufstellung (vgl. Abb. 59 a/b):

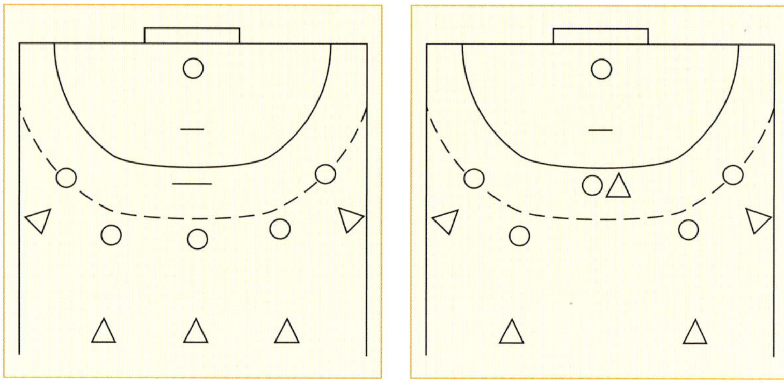

Abb. 59 a/b: Grundaufstellung einer Mannschaft im Spiel 5 gegen 5

Auch für die Verteidigung ergibt sich nichts vollständig Neues, die in der Doppelstunde 13 erarbeiteten abwehrtaktischen Prinzipien können auch im 5 gegen 5 umgesetzt werden.

- Trotz ausschließlich bekannter Elemente wird es wohl in der unmittelbaren Turniervorbereitung nicht ohne eine Wiederholung der technisch-taktischen Abläufe und Prinzipien gehen. Insofern sollte sich die Lehrkraft so vorbereiten, dass nach einem für Ballspiele üblichen ballorientierten Aufwärmprogramm etwa 20 Minuten für eine kurze Übungsphase der Inhalte aus den Doppelstunden 10–13 zur Verfügung steht. In diesem Stundenabschnitt sind dann in Sektorenspielen und unter Anwendung der Unterrichtsprinzipien des TGfU nochmals die Übergänge sowie die Prinzipien der Zwei-Linien-Verteidigung zu wiederholen bzw. zu verbessern.

Sollten die Schüler am Ende dieser Unterrichtseinheit in der Lage sein Handball 5 gegen 5 zu spielen und dabei die oben genannten taktischen Inhalte umzusetzen, dann wurde mit Blick auf die Inhalte der Unterstufe die methodische Strategie der vertikalen Progression konsequent realisiert und ein Schritt in Richtung Qualitätssteigerung getan.

Stundenverlauf Doppelstunde 14: Handball 5 gegen 5: Üben und (Turnier-) Spielen

Stundenabschnitte und Unterrichtsinhalte	Organisatorische Hinweise

Aufwärmphase

Allgemeines Aufwärmen

- Übung 1: Freies Bewegen und Passen innerhalb der Gruppe. Dabei kann zwischendurch auch einmal mit dem Fuß gepasst werden.
- Übung 2: Auf Zeichen des Lehrers wird derjenige Schüler, welcher den letzten Pass gespielt hat, zum Verteidiger; die Gruppe spielt dann bis zum nächsten Zeichen des Lehrers 2 gegen 1.
- Übung 3: Passen und leichtes Stoßen im Dreieck

Die Schüler werden in Dreiergruppen eingeteilt, jede Gruppe erhält einen Ball.

Erobert der Verteidiger den Ball, ist die Übung sofort beendet.

Vorbereitende Übungen

- Übung 4: Jede Gruppe erhält einen 2. Ball und stellt sich in einer Linie auf (vgl. Abb. 60). Die beiden äußeren Spieler A und B haben je einen Ball. A spielt seinen Ball zu C, der ihn in voller Stoßbewegung zurückspielt, dann wenige Schritte rückwärts läuft und den gleichen Ablauf mit B durchführt.
- Übung 5 (vgl. Abb. 60): Aufstellung wie in Übung 4, auch der Grundablauf ist derselbe. Allerdings wird nach dem jeweiligen Rückpass von C auf engem Raum 1 gegen 1 gespielt, C ist Abwehrspieler. Nach Abschluss dieser Aktion beginnt B dieselbe Aktion von der anderen Seite.

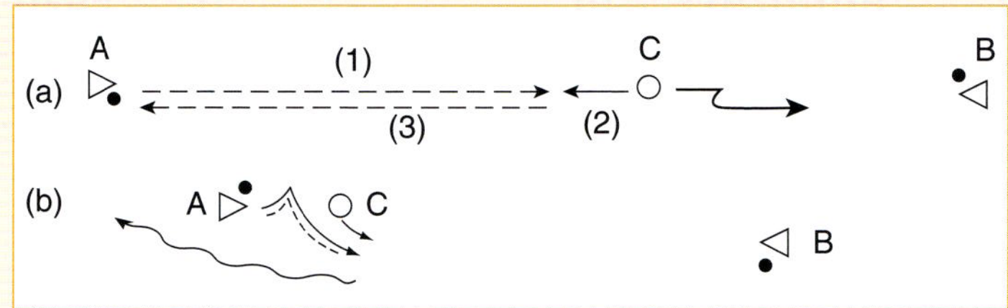

Abb. 60 a/b: 1 gegen 1 im Doppelpack

Spiel- und/oder Übungsphase

Sektorenspiel 5 gegen 5 (auf 2 Tore – vgl. Abb. 61 a/b)

Die Teams, die nachher einen kleinen Wettkampf gegeneinander austragen, sollen sich in dieser kurzen Übungsphase vorbereiten, indem sie die wichtigsten Inhalte der vergangenen Stunden wiederholen.

Wichtig dabei ist Folgendes:

- Angriff agiert im Bewegungsstoß und setzt Übergänge von den Rückraumpositionen um.
- Abwehr spielt offensiv und eine Zwei-Linien-Verteidigung nach den in Doppelstunde 13 erarbeiteten Prinzipien.

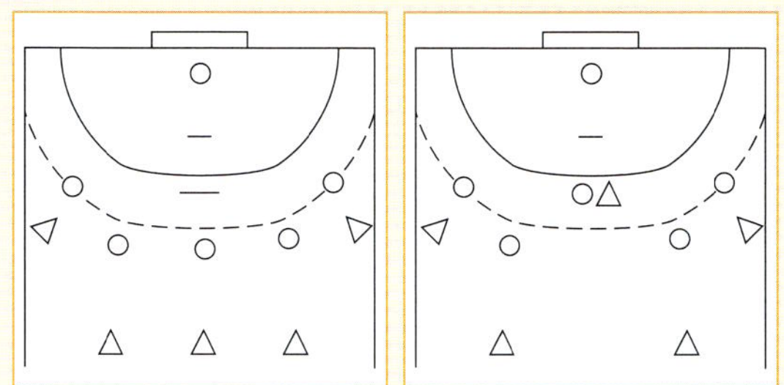

Abb. 61 a/b: Sektorenspiel 5 gegen 5

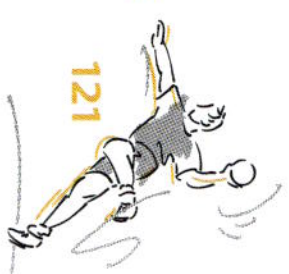

Stundenabschnitte und Unterrichtsinhalte	Organisatorische Hinweise
Spielphase	
Handball 5 gegen 5	
Die extra zusammengestellten Teams spielen auf einem oder zwei Feldern nach einem von den Schülern vorbereitenden Spielplan gegeneinander. Folgende Möglichkeiten sind denkbar:	Alle Teams müssen farblich markiert sein und sollten einen Namen haben; diesen können sie sich bereits im Vorfeld (Hinweis sollte in der Doppelstunde 13 kommen) überlegen.
• 3 Teams: Jeder gegen Jeden	Alle Ergebnisse werden auf einem Plakat festgehalten.
• 4 Teams: Zwei Halbfinale, anschließend Verlierer gegen Verlierer und Sieger gegen Sieger.	Hinweis: Sollten die Spielfelder zu klein sein, kann problemlos auch 4 gegen 4 gespielt werden.
• 4 Teams: Jeder gegen Jeden.	

IV

Fünf Doppelstunden für die Klassen 10 bis 12 (16- bis 18-Jährige)

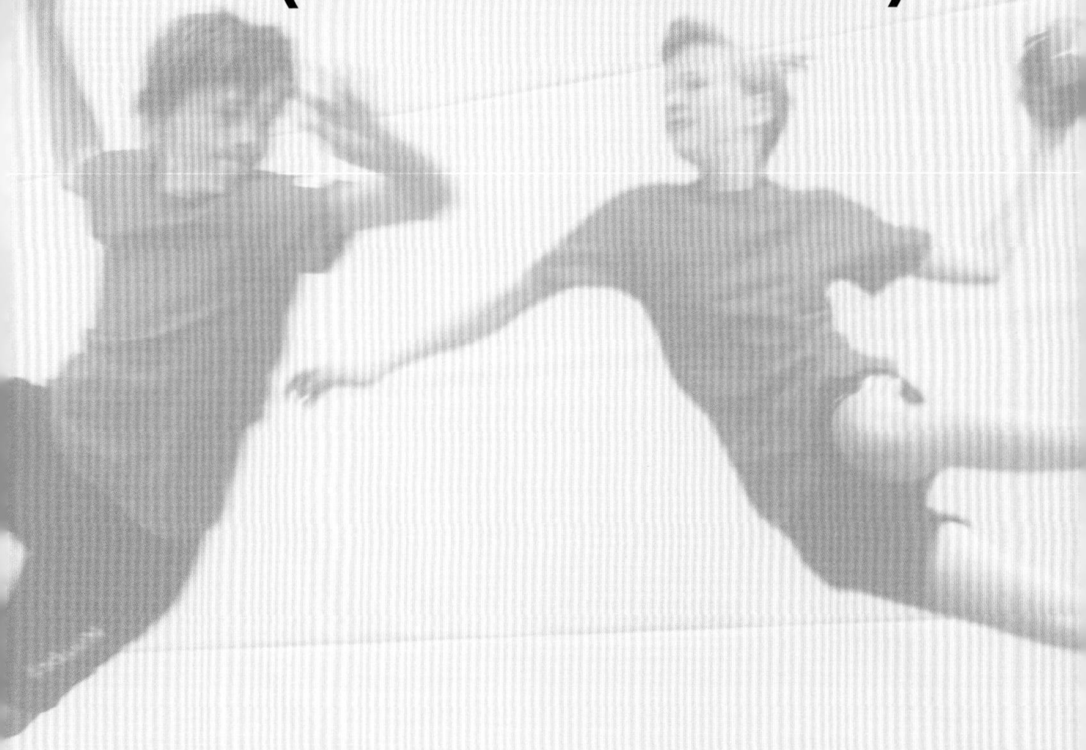

1 Gruppen- und Mannschaftstaktik im Schul-Handball

Die **Doppelstunde Handball,** verstanden als Unterrichtskonzeption für Schulhandball, ist darauf angelegt, dass Schüler am Ende der Sekundarstufe 1, was gleichzeitig dem Ende der Haupt- bzw. Realschulzeit entspricht, in der Lage sind, in der Abwehr eine Zwei-Linien-Verteidigung zu spielen, sowie im Angriff auf Positionen zu agieren und ein Laufspiel in Form von Übergängen zu praktizieren. Dies entspricht durchaus einem Leistungsniveau, das als eine Art Endstufe für verschiedene Schularten akzeptiert werden kann; Schulhandball muss nicht – was im Übrigen auch für andere Sportspiele gilt – notwendigerweise bei der Wettkampfform enden.

Trotzdem ist es erforderlich, dass insbesondere für die gymnasiale Oberstufe, aber auch für den Sportunterricht an der Berufsschule das Gesamtkonzept vor dem Hintergrund der zugrunde liegenden Strategie der vertikalen Progression weiterentwickelt wird. Das bedeutet, dass aufbauend auf dem oben zusammengefassten Leistungsstand Ziele und Inhalte zu entwickeln sind, die, im Umfang von fünf weiteren Doppelstunden, Schulhandball für 16- bis 18-Jährige anbieten. Folglich schließt sich die Frage an, was angemessene Ziele bzw. Inhalte sind, die einerseits eine echte Zunahme an Komplexität bedeuten, andererseits aber keine Überforderung darstellen. Erste Hinweise hierfür ergeben sich bei König und Eisele (2002) sowie Emrich (2007), deren Schulhandball-Konzeptionen folgende Themen vorschlagen:

- Zunächst sollte eine Fortführung des bisherigen Spiels bis zum Spiel 6 gegen 6 erfolgen, was im Bereich der Abwehr die Konsequenz hat, aus der in der Mittelstufe erarbeiteten Zwei-Linien-Verteidigung eine 1:5-Abwehrformation herzuleiten.
- Nachdem im Angriffsspiel bereits in der Mittelstufe mit den Übergängen ein erster Schritt vom freien zum gebundenen Spiel getan wurde, liegt es nahe, auf diesem aufzubauen und einfache gruppentaktische Angriffsmittel in der Zweiergruppe einzuführen. Exemplarisch erfolgt dies in der **Doppelstunde Handball** am Beispiel des Sperrens und Absetzens.

- Schließlich hat die Erfahrung in der Schulpraxis gezeigt, dass der schnelle Gegenangriff – im Handball *Gegenstoß* genannt – nicht nur einen effektiven, sondern auch einen attraktiven Inhalt darstellt, was im Übrigen auch für Basketball gilt (vgl. Braun, Goriss & König, 2014).

Somit ist festzuhalten, dass Handballunterricht in den Klassen 10 bis 12 drei Schwerpunkte verfolgen sollte, die im Folgenden einer Sachanalyse unterzogen werden.

Die 1:5-Abwehrformation

Das Abwehrspiel, vor allem im Kinder- und Jugendbereich – egal ob Schule oder Verein –, darf sich nicht nur darauf beschränken, Tore des Gegners zu verhindern, sondern muss auch darauf ausgerichtet sein, dem Gegner möglichst oft den Ball abzunehmen. Das Ziel des Ballgewinns rückt in den Blickpunkt und damit die Betonung eines aktiven und offensiven Abwehrspiels. Die Gründe für diese Auffassung liegen auf der Hand:

- Eine aktive und offensive Ausrichtung forciert ein sauberes und regelgerechtes Abwehrspiel, insbesondere im individuellen Abwehrverhalten. Dadurch lassen sich die technisch-taktischen Grundfertigkeiten des Abwehrspiels sehr gut erlernen und umsetzen. Dies ist bei einer defensiven und passiven Spielweise („Hacken am Kreis") nur schwer möglich (vgl. DHB, 1995, S. 76 u. 79). Erwähnt werden muss allerdings, dass auch bei offensiver Abwehr kein „foulfreies" Spiel stattfinden wird.
- Verteidigen Abwehrspieler offensiv, können die angreifenden Mannschaften bereits im Spielaufbau gestört, der Spielfluss eingeschränkt und Fehler der Angreifer provoziert werden. Die Chancen, sich den Ball zu erobern, sind deutlich höher als bei defensivem Abwehrverhalten. Somit sind in der Verteidigung auch körperlich unterlegene Teams nicht mehr chancenlos (vgl. DHB, 1995, S. 81).
- Mehr Ballgewinne in der Abwehr ermöglichen gleichzeitig ein schnelleres Umschalten von Abwehr auf Angriff. Damit eröffnet sich eine weitere Perspektive eines aktiven und offensiven Abwehrverhaltens, nämlich die des Gegenstoßspiels. Und das ist eines der attraktivsten und effektivsten Angriffsmittel im Handball überhaupt (vgl. Doppelstunde 18 und 19).
- Ein letzter Aspekt kommt noch hinzu. Wie die Praxis zeigt, ist es bei vielen Mannschaften immer wieder derselbe (akzelerierte) Spieler, der die Tore wirft, während die anderen oft nur Statisten sind. Eine aktive und offensive Abwehr aber zwingt die Angreifer zusammenzuspielen. Auch ein Haupttorschütze muss nun

zum freien Mitspieler passen, wenn er schon frühzeitig am Torwurf gehindert wird (vgl. DHB, 1995, S. 80). So trägt dieses Abwehrverhalten „indirekt" dazu bei, die Angreifer zu zwingen, miteinander zu spielen, sich anzubieten, freizulaufen und das Handballspiel als Mannschaftsspiel zu begreifen (vgl. FELDMANN, 1996, S. 54).

Dies sind wichtige Gesichtspunkte, Handball als (Schul-)Sportart für Kinder und Jugendliche attraktiver zu machen und mehr Freude am Abwehrspiel zu vermitteln.

Merke: Es ist doch wesentlich reizvoller und motivierender, sich gleichzeitig durch sein eigenes Deckungsverhalten mehr Ballgewinne und damit mehr eigene Torchancen zu erspielen, als durch „destruktives" Spiel mit vielen Fouls (Halten, Stoßen, Klammern) nur Tore des Gegners zu verhindern (vgl. SPÄTE, 1996, S. 34). Aktiv und offensiv verteidigen heißt also: **Bälle abfangen, den Spielfluss stören und Fehler provozieren, aber auch den Gegenspieler bekämpfen** (vgl. DHB, 1995, S. 106).

Die **Doppelstunde Handball** folgt diesem Prinzip, indem auf der Basis der in der Mittelstufe erarbeiteten Zwei-Linien-Verteidigung in der DS 15 die 1:5-Abwehrformation eingeführt wird. Dies geschieht zwar nur in einer einzigen Doppelstunde, erfordert in der Unterrichtspraxis aber bei einer größeren Zahl an Klassen vermutlich eine zweite Einheit. Deshalb wird vorgeschlagen, zum einen die Spielphasen zu verlängern, und zum zweiten die Übungsformen als Varianten anzubieten; dies wird an entsprechender Stelle vermerkt.

Gruppentaktik im Angriff

Gruppentaktik meint im Bereich der Sportspiele das gezielte Zusammenarbeiten von 2, 3 oder mehreren Spielern, wobei mit der Zahl der Spieler grundsätzlich auch die Schwierigkeit eines Angriffsmittels steigt. Die spezielle Trainingslehre des Handballs kennt für jede Komplexitätsstufe eine Vielzahl an gruppentaktischen Handlungsmöglichkeiten, so dass für den Schulhandball eine doppelte Entscheidung zu treffen ist, bzw. die beiden folgenden Fragen zu beantworten sind:

(1) Auf welcher Komplexitätsstufe sollen gruppentaktische Elemente eingeführt werde?
(2) Welche konkreten Elemente sollen vor dem Hintergrund zeitlicher Vorgaben und persönlicher Voraussetzungen letztendlich im Unterricht thematisiert werden?

In der **Doppelstunde Handball** werden hierauf die folgenden Antworten zur konkreten Gestaltung von Handballunterricht in der Oberstufe gegeben:

(1) Zunächst kann es aus unserer Sicht im Schulhandball nur darum gehen, gruppentaktische Elemente auf der Ebene der Zweiergruppe zu thematisieren, da alles andere zu schwierig und zu komplex wäre.

(2) Inhaltlich soll das Element Sperren/Absetzen erarbeitet werden, wofür die folgenden Gründe sprechen:

- Vor dem Hintergrund eines integrativen und kontrastiven Konzepts der Taktikvermittlung in der Sekundarstufe II (KÖNIG, 2010) bietet es sich an, *Sperren/Absetzen* im Handball und *Pick and Roll* im Basketball gemeinsam zu thematisieren, da beide Abläufe sehr ähnlich sind und doch gewisse Unterschiede aufweisen (z. B. Arm- bzw. Handhaltung des Sperrenden). Insofern ist auf positive Transfereffekte zu hoffen.
- Sperren/Absetzen ist ein Angriffsmittel, das einerseits den im Spiel häufig vernachlässigten Kreisspieler mit ins Spiel einbezieht, andererseits sich in geradezu idealer Weise in Kombination mit dem bereits erlernten Übergang von RM im Spiel anwenden lässt.
- Schließlich bietet Sperren/Absetzen gute Möglichkeiten diverse technische Elemente, wie z. B. den Sprungwurf, den Bodenpass oder die Körpertäuschung zu wiederholen und zu vertiefen.

Entscheidet man sich für die einfachste Form des Sperren/Absetzens, verstanden als koordiniertes Zusammenspiel eines Rückraumspielers mit dem Kreisspieler, dann handelt es sich um den in Abbildung 62 dargestellten taktischen Ablauf.

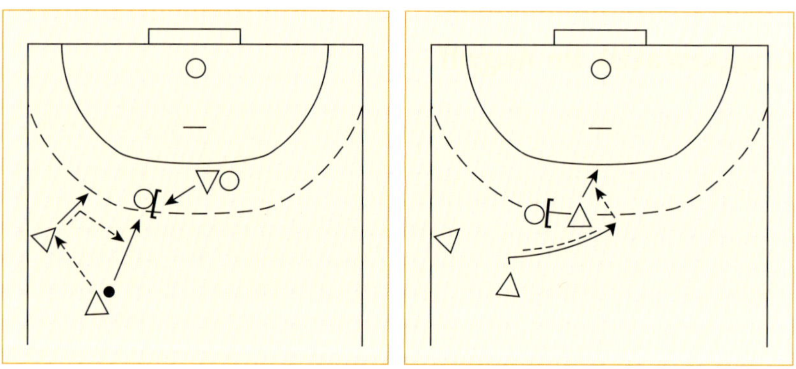

30

Abb. 62 a/b: Gruppentaktisches Angriffsmittel Sperren/Absetzen

- Der linke Rückraumspieler nimmt den Pass des Linksaußen in der Vorwärtsbewegung an und springt in die parallele Grundstellung ein (flacher Sprung, beidbeinige Landung).

- Zeitgleich stellt der Kreisspieler die Sperre seitlich am Abwehrspieler, wobei er darauf achtet, dass
  - ein Fuß vor, einer hinter dem Abwehrspieler steht,
  - die Arme seitlich angelegt sind und
  - er einen kleinen Abstand (ca. 10–20 cm) zum Abwehrspieler hält.
- Der Rückraumspieler täuscht mit dem Oberkörper oder einem Schritt nach links an und geht mit einem großen Schritt seitlich nach rechts; dem schließt sich ein Linksschritt nach schräg vorne an.
- Der Rückraumspieler hat jetzt die folgenden Entscheidungsmöglichkeiten:
  - Torwurf (Sprungwurf)
  - Anspiel zum Kreisläufer als direkter oder indirekter Pass (Bodenpass)

Merke: Sperren/Absetzen ist ein eher wenig komplexes Angriffsmittel, das einerseits Transfereffekte vom oder zum Basketball zulässt und andererseits den Kreisläufer, als häufig vernachlässigten Spieler, gezielt ins Spiel holt. Sperren/Absetzen lässt sich darüber hinaus sehr gut mit den Übergängen der Mittelstufe verbinden.

Angriffsmittel Gegenstoß

Orientiert man sich als Einstieg in die Thematik *Gegenstoß* am Wettkampfhandball, kann ohne Wenn und Aber behauptet werden, dass der Gegenstoß das erfolgreichste Angriffsmittel im modernen Handball ist. Wenn sich nun ein Angriffsmittel zunächst dadurch auszeichnet, dass es bis zu 100% effektiver ist als alle anderen Angriffsmittel des herkömmlichen Positionsangriffs, dann stellt sich die Frage, ob, und wenn ja, auf welche Art und Weise, Gegenstöße auch als Inhalt des schulischen Handballs aufzunehmen sind.
Folgende Überlegungen sind hierbei in Betracht zu ziehen:

- Betrachtet man die traditionelle Fachliteratur einerseits, aber auch die gängige Praxis andererseits, stellt man fest, dass trotz offensichtlich klarer Strukturen in der Vergangenheit gerade in diesem Bereich viele Fehler gemacht wurden. So hat etwa allein die traditionelle Einteilung in vier oder fünf Angriffsphasen jahrelang dazu geführt, Gegenstoß und erweiterten Gegenstoß isoliert zu schulen. Als Folge wurden entweder Langpässe des TW auf einen oder zwei Feldspieler geübt oder aber Transportpässe für den erweiterten Gegenstoß trainiert. Beide Elemente sind unseres Erachtens für die Schule so nicht geeignet.
- Orientiert man sich an Spielziel und Spielstruktur, dann ist es viel eher so, dass eine Mannschaft entweder aus einem Schnell-

angriff in irgendeiner Form gegen eine mehr oder weniger zurücklaufende oder gegen eine zwar formierte, aber ungeordnete Abwehr Tore erzielen kann, oder aber aus dem Positionsangriff heraus eine geordnete und formierte Abwehrformation ausspielt und auf diese Weise zum Torerfolg kommt. Aus diesem Grund spricht man dann nur noch vom Gegenstoß und verzichtet auf eine getrennte Schulung der *ersten* und *zweiten Welle* bzw. des *Gegenstoßes* und *erweiterten Gegenstoßes*.

- Diese Integration von Gegenstoß und erweitertem Gegenstoß kann dann auf der Ebene der Aktionen weiter fortgesetzt werden. Um das Ziel „Torerfolg aus einem Gegenstoß" realisieren zu können, sind die folgenden Aktionen notwendig (vgl. SPÄTE, 1984; ZELEWSKI, 1994):

Tab. 6: Phasen und Aktionen des Gegenstoßes (vgl. SPÄTE, 1984, S. 18)

Gegenstoßphasen	Mögliche Aktionen
Ballgewinn	Torwart hält oder sichert Ball oder Abwehrspieler erkämpft Ball
Eröffnung	Kurzpass auf 2. Welle oder Langpass auf 1. Welle
Ballvortrag	Dribbling durch Gegenstoßspieler oder Zusammenspiel
Abschluss	Durchbruch eines Einzelspielers oder Ausspielen der Überzahl

Inwiefern tragen diese eher taktisch-theoretischen Überlegungen zu einer Schulung der Spielfähigkeit im Allgemeinen und in der Oberstufe des Gymnasiums im Speziellen bei?
Folgende Konsequenzen lassen sich festhalten:

- Gegenstoß in der Schule sollte sich auf das schnelle Umschalten von Abwehr auf Angriff konzentrieren. Er stellt damit einen schnellen Übergang („Transition") dar.
- Eine künstliche und spielfeindliche Trennung in erste und zweite Welle sollte unter allen Umständen vermieden werden. Gegenstoßtraining in der Schule sollte ganzheitlich verlaufen.
- Gegenstoßtraining in der Schule sollte temporeich und spielerisch erfolgen. Komplexe taktische Konzepte, wie sie häufig in der Fachliteratur zu finden sind, gilt es zu vermeiden. Elemente des Grundlagentrainings sind zu bevorzugen.

Merke: Gegenstöße sind zwar komplexe, aber auch hoch effektive und attraktive Inhalte im Handball. Werden sie spiel- und altersgemäß angeboten, eignen sie sich jederzeit auch für den Sportunterricht. Ein schnelles Spiel nach vorne muss folglich das Ziel in den Klassen 10 bis 12 sein.

2 Doppelstunde 15: Die 1:5-Abwehrformation

Gerade in der Schule, aber auch im Verein, stellt das Abwehrspiel bzw. seine Schulung eine grundsätzliche Herausforderung dar, da es bei den Schülern in der Regel als unattraktiver wahrgenommen wird als Spiel- und Übungsformen zum Angriff. Insofern ist speziell bei diesem Thema dafür zu sorgen, dass dem Prinzip der vertikalen Progression Rechnung getragen wird und auch in der Oberstufe neue inhaltliche Herausforderungen im Unterricht thematisiert werden.
Zu beachten ist hierbei allerdings, dass die Grundvoraussetzung für ein aktives und offensiv ausgerichtetes Abwehrspiel, ganz gleich in welcher Abwehrformation später gespielt wird, die individuellen technisch-taktischen Grundfertigkeiten des Abwehrspielers im **Spiel 1 gegen 1** (vgl. DS 12 und 13) sind. Sie sind gewissermaßen das „Rüstzeug zur erfolgreichen Verteidigung". Oberster Grundsatz ist dabei, den Angreifer immer frontal vor sich zu haben und nicht von der Seite anzugreifen. Wichtig ist auch, immer zwischen Tor und Gegenspieler zu agieren und sich nicht überlaufen zu lassen, weder im Zweikampf gegen Angreifer mit Ball noch im Abwehrverhalten gegen Angreifer ohne Ball (vgl. DHB, 1995, S. 107). Für das Spiel 1 gegen 1 gelten daher die in Tabelle 7 dargestellten Grundprinzipien.
Der Begriff der Manndeckung bezieht sich in diesem Zusammenhang nicht nur auf die Spielweise 1 gegen 1 der Einzelspieler. Sie ist vielmehr eine Grundform des mannschaftlichen Abwehrspiels und

Tab. 7: Technisch-taktische Grundprinzipien offensiven Abwehrspiels

Abwehrspezifische Armtechniken und Beinarbeit	Antizipatives Abwehrspiel
• Ballannahme und Abspiele der Angreifer stören • Bälle herausspielen • Schnell und variabel in alle Richtungen agieren • Durchbrüche und Torwürfe verhindern • Laufwege verstellen	• Gegnerische Angriffsaktionen voraussehen • Pass- und Laufwege versperren • Blickkontakt zum Ball und zum Gegner halten

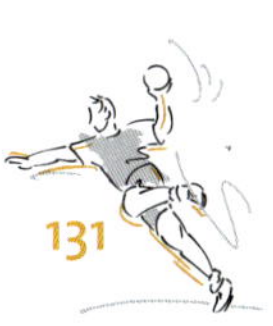

wird gezielt eingesetzt, um die beschriebenen Perspektiven des aktiven und offensiven Verteidigens umzusetzen. Erst wenn sämtliche Mitspieler gemeinsam offensiv und aktiv verteidigen und sich dabei gegenseitig unterstützen, können die Vorteile der Manndeckung erfolgreich genutzt werden. Die Unterrichtsgestaltung ist deshalb so konzipiert, dass Inhalte zum Spiel 1 gegen 1 und zur Manndeckung im Aufwärmteil und als ergänzende Spiel- und Übungsformen gezielt die Einführung der 1:5-Abwehr vorbereiten. Diese gilt es aber im Ductus der bisherigen Doppelstunden noch zu begründen:

- In der Unterstufe war es das Ziel, Schüler in der Manndeckung zu schulen; damit wurde einem Prinzip gefolgt, das auch in anderen Sportspielen umgesetzt wird. Kernpunkt war das Spiel 1 gegen 1 gegen Spieler mit und ohne Ball.
- Die Doppelstunden der Mittelstufe verfolgten das Ziel, die zwar einfachere, dennoch aber unökonomische Manndeckung in eine gemischte Form aus Mann- und Raumdeckung überzuleiten; dies wurde durch das Zwei-Linien-Prinzip realisiert.
- In der Oberstufe soll nun auf dem Prinzip der Zwei-Linien-Verteidigung aufbauend eine erste mannschaftstaktische Aufstellung umgesetzt werden; dazu ist selbstverständlich das Spiel 6 gegen 6 notwendig.

Wie sieht diese Aufstellungsform nun in Erweiterung zu den in den Doppelstunden 12 und 13 erarbeiteten Abwehrkonzepten aus?
Die 1:5-Abwehrformation ist durch die folgenden Merkmale gekennzeichnet:

- Sie besteht ebenfalls aus zwei Linien, wobei die erste und offensive Linie von 5 Spielern gebildet wird, die zweite und defensive hingegen lediglich von einem Spieler.
- Während der hintere Spieler (Hinten Mitte) zunächst ausschließlich die Aufgabe verfolgt, den gegnerischen Kreisläufer mittels Manndeckung zu bewachen, spielen die vorderen Spieler ein vereinfachtes Prinzip der Raumdeckung, d. h. sie sind für einen bestimmten Spielfeldraum und den dort agierenden Angreifer zuständig (vgl. Abb. 63).

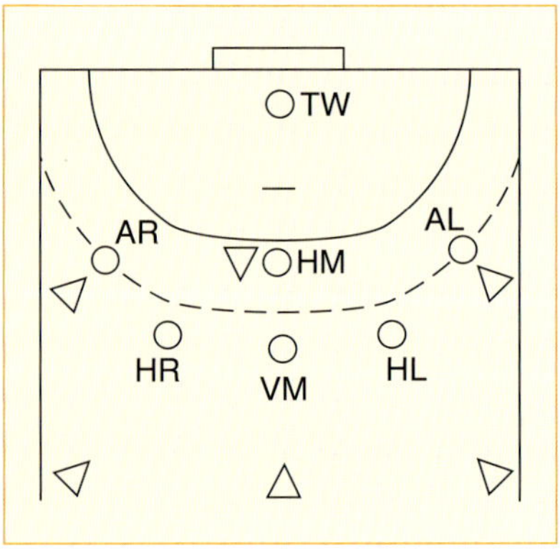

Abb. 63: Grundaufstellung der 1:5-Abwehrformation (Abkürzungen vgl. Glossar)

- Grundsätzlich gelten bei der 1:5-Abwehr die bereits in der Doppelstunde 13 thematisierten taktischen Handlungsempfehlungen; sie sind im Folgenden (vgl. Tab. 8) nochmals aufgeführt:

Tab. 8: Verhaltensweisen in der 1:5-Abwehrformation

Nr.	Handlungsregel	Prinzip	
1	Geht mein Gegenspieler mit Ball Richtung Tor, bekämpfe ich ihn offensiv.	Raum- und Manndeckung	31
2	Wechselt mein Gegenspieler die Position, übernehme ich den Gegenspieler meines Partners vor der offensiven Linie.	Raumdeckung	32
3	Läuft mein Gegenspieler ohne Ball an den Kreis ein, versuche ich seinen Laufweg zu verstellen bzw. begleite ihn.	Manndeckung	33
4	Hat der Gegenspieler meines Partners den Ball, bewege ich mich ein Stück in seine Richtung, damit ich ihm helfen kann.	Raumdeckung	

Grundsätzliche Intention des Unterrichts ist nun, diese Prinzipien im mannschaftstaktischen Rahmen umzusetzen. Dies bedeutet, dass der Handballunterricht in der Oberstufe zumindest in einzelnen Abschnitten im Zielspiel 6 gegen 6 zu organisieren ist, auch wenn dies besondere organisatorische Maßnahmen erfordert (vgl. Kapitel I). Weiterhin ist darauf hinzuweisen, dass insbesondere die dann stattfindenden Spielphasen dazu zu nutzen sind, im Sinne des Unterrichtsprinzips des TGfU einzelne, ausgewählte Situationen mit den Schülern zu analysieren bzw. zu besprechen. Ziel ist hierbei taktische Kenntnisse im Bereich der Abwehr zu vermitteln. Abschließend ist für diese Einstiegsstunde in der Oberstufe noch festzuhalten, dass entsprechend der in dieses Kapitel einführenden Bemerkungen auch in den Klassen 10 bis 12 das Spielen bzw. Üben in 1-gegen-1-Situationen eine wichtige Rolle spielt; realisiert wird dies im Aufwärmprogramm sowie in aus Unterrichtsgesprächen resultierenden Übungsformen.

Stundenverlauf Doppelstunde 15: Die 1:5-Abwehrformation

Stundenabschnitte und Unterrichtsinhalte	Organisatorische Hinweise
Aufwärmphase	
Übung 1 „Partnerprellen“	
• Je zwei Schüler bilden eine Gruppe und stellen sich nebeneinander auf. Schüler A (steht rechts) prellt mit rechts durch die Halle, B läuft immer links neben ihm und prellt mit links. Auf ein Zeichen des Lehrers werden neue Gruppen gebildet. Immer der rechts stehende Schüler gibt die Richtung vor.	Zweiergruppen bilden, pro Schüler ein Ball, ganze Halle ausnutzen. Vgl. auch Übungsform „Herr und Hund“ aus der Doppelstunde 11.
• Variante A: Auf dem Weg zu einem neuen Partner werden verschiedene Laufvarianten durchgeführt, z. B. Hopser, rückwärts, seitwärts, etc.	
• Variante B: Bevor die bestehenden Gruppen aufgelöst werden, verabschieden sich die Schüler mit Abklatschen, einem Balltausch oder einem Klapps auf den Po.	Dies kann auch Begrüßungsritual in den neuen Gruppen realisiert werden.
Übung 2: „Zweikämpfe“ (Wiederholung aus DS 12)	
• Zwei Schüler geben sich die Hand und prellen mit der freien Hand. Sie versuchen sich gegenseitig über eine Linie zu ziehen.	
• Gleiche Aufteilung, jetzt versuchen sie sich über die Linie zu schieben.	Handflächen gegeneinander! Falls zu schwierig, Übung zunächst ohne Ball ausführen.
• Die beiden Schüler versuchen sich gegenseitig den Ball herauszuspielen.	
Fangspiel „Romeo und Julia“	
Zwei Schüler (ohne Ball) stehen diagonal in der Halle auseinander. Sie versuchen sich in der Mitte zu treffen. Alle anderen Schüler (mit Ball) versuchen dies durch Abdrängen oder Verstellen der Laufwege zu verhindern.	Alle Fänger mit Ball. Kann auf mehreren Feldern parallel gespielt werden.

Stundenabschnitte und Unterrichtsinhalte	Organisatorische Hinweise
Spiel- und/oder Übungsphase	
Einstiegsgespräch zum Thema Abwehr • Aufarbeitung der Kenntnisse aus Unter- und Mittelstufe, Vorstrukturierung und Zielsetzung der Stunde. • Einführung der 1:5-Abwehrformation.	Schülerantworten festhalten (Flipchart, Tafel, Mindmap, etc.) Schlüsselbegriffe: Mann- und Raumdeckung, Zwei-Linien-Verteidigung, Spielregeln. Taktiktafel, Tafel, Folie.
Spielform „5 gegen 5“ Zwei Mannschaften spielen gegeneinander, wobei alle Spieler offensiv verteidigen; die Angreifer agieren zunächst ohne Kreisspieler (vgl. Abb. 59 a, S. 120). Anschließend sollte mit Kreisläufer gespielt werden (vgl. Abb. 59 b, S. 120). Es werden die verschiedenen Verhaltensweisen offensiver Abwehrspieler in der 1:5-Abwehr umgesetzt (vgl. Einleitung Doppelstunde 15).	
Resultierende Übungsformen Treten im Spiel 5 gegen 5 typische Fehler öfters auf, empfehlen sich die folgenden Übungsformen (Wiederholung aus der Mittelstufe): • Fehlerbild „Falsches Verhalten im Spiel 1 gegen 1“ => Übungsform „1 gegen 1 nach Prellen von der Mittellinie und Torwurf“ (vgl. Abb. 64). • Fehlerbild „Mangelnde Absprache in der Gruppe“ => Sektorenspiel „2 gegen 2“ auf ein Tor (Mehrfachbesetzung im Angriff – vgl. Abb. 65).	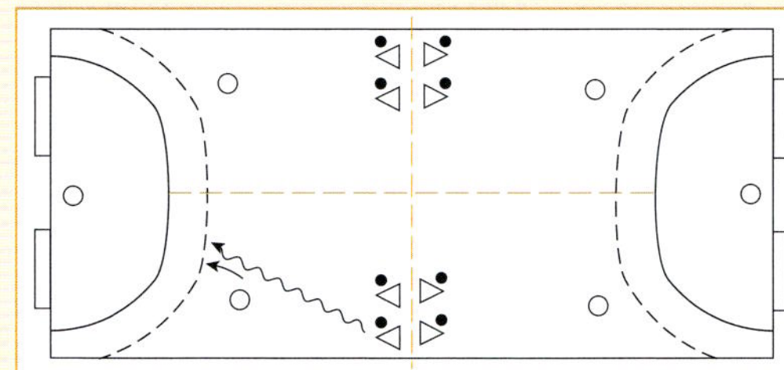 Abb. 64: 1 gegen 1 nach Prellen von der Mittellinie 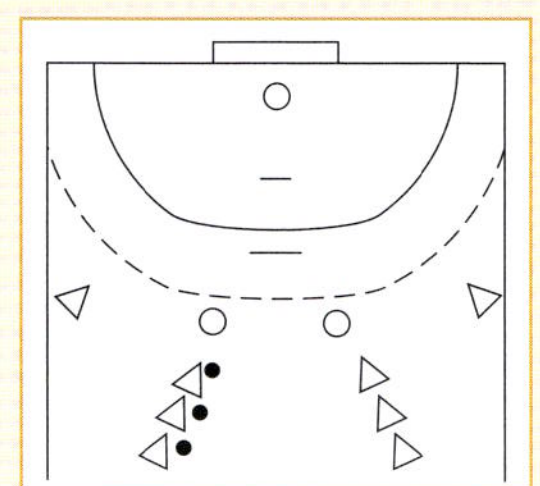 Abb. 65: Sektorenspiel 2 gegen 2

Stundenabschnitte und Unterrichtsinhalte	Organisatorische Hinweise
Spielphase	
Spielform „6 gegen 6“	
Abschließend wird Handball in Wettkampfform gespielt und die 1:5-Abwehrformation in vollem Umfang praktiziert. Hierbei ist auf Folgendes zu achten:	Das Spiel kann auf einem, aber auch auf zwei Spielfeldern parallel ablaufen.
• Bei gruppentaktischen Problemen sind immer wieder kurze Gesprächsphasen einzubauen, die zur Besprechung von möglichen Lösungen verwendet werden. Hierbei können auch Medien eingesetzt werden.	
• Es ist durchaus denkbar, dass die Schiedsrichterrolle von Schülern wahrgenommen wird, insbesondere dann, wenn auf mehreren Feldern gespielt wird.	Wird dies umgesetzt, empfiehlt es sich, zwei Schüler parallel pfeifen zu lassen.
Abschlussgespräch	
Ergebnissicherung zum Thema „1:5-Abwehrformation“.	

3 Doppelstunde 16: Gruppentaktik im Angriff (1)

Blickt man auf die Doppelstunden der Mittelstufe mit dem Schwerpunkt Angriff zurück, dann wurde dort das Ziel verfolgt, über die Einführung der Angriffspositionen einfache, aber koordinierte Laufbewegungen in das Angriffsspiel einzubauen, um die Abwehr dadurch aus dem Konzept zu bringen. Wird dies gemäß dem Prinzip der vertikalen Progression weiterentwickelt, dann ist es Aufgabe der Sekundarstufe II weitere gruppentaktische Maßnahmen zu erarbeiten, die isoliert oder aber im Rahmen der genannten Übergänge, eingesetzt werden können.
Ziel dieser Stunde ist deshalb, am Beispiel des Sperren/Absetzens ein solches Angriffsmittel exemplarisch zu erarbeiten. Argumente für diese Auswahl sind die folgenden (vgl. auch S. 95):

- Im Basketball stellt das *Pick and Roll* ein festes Element im Unterricht der Oberstufe dar (Braun, Goriss & König, 2014). Beide Angriffsmittel sind hinsichtlich ihres Ablaufs und ihres Timings sehr ähnlich.
- Sperren/Absetzen erfordert den Einbezug des Kreisspielers, der ansonsten unter Umständen eine nachgeordnete Rolle spielt.
- Da Körpertäuschung, Sprungwurf und Bodenpässe sehr wichtige Voraussetzungen für Sperren/Absetzen sind, ist eine vertiefende Technikschulung garantiert, die etwa im Rahmen der Aufwärmprogramme der Doppelstunden 16 und 17 umgesetzt werden kann.

Mit Blick auf den Ablauf des Sperren/Absetzens sind die folgenden Aktionen als Knotenpunkte und Teilziele der Doppelstunde 16 zu nennen:

Aktionen des Rückraum links (RL)

- RL nimmt den Pass von LA beim beidbeinigem Einspringen (flacher Sprung) in der Luft an; dieser Kontakt wird im Handball nicht als Schritt gezählt (*Einspringen = Null–Kontakt*).

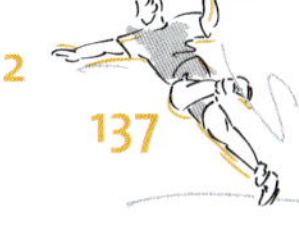

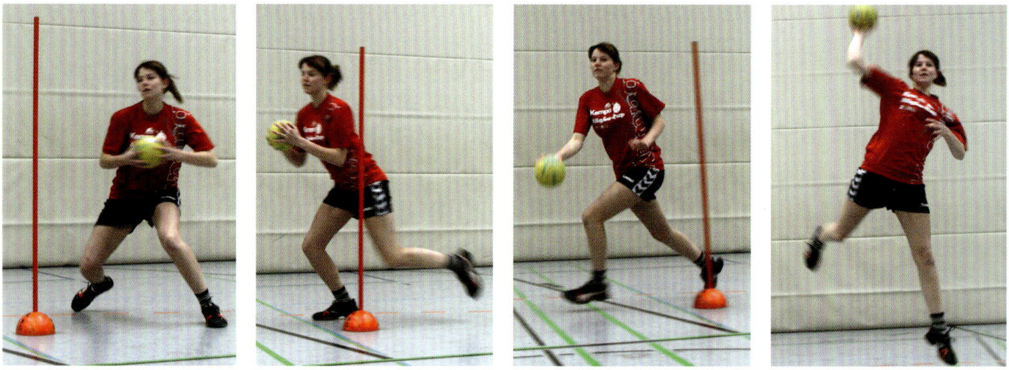

Bilder 25–28

- RL täuscht mit dem Oberkörper eine Bewegung nach links an, geht dann nach rechts am Abwehrspieler vorbei und führt einen Sprungwurf aus. Bei dieser Aktion gilt folgende Schrittfolge:
  - Einspringen, Antäuschen mit dem Oberkörper und Schritt nach links (Bild 25).
  - Einen weiten Schritt nach rechts, dann mit links nach vorne (Bilder 26/27).
  - 34 Sprungwurf oder Anspiel zum Kreisspieler (Bild 28).

Wichtig: Die Täuschung nach links mit dem Oberkörper erfolgt in mittlerem Tempo – der Abwehrspieler muss Zeit haben zu reagieren und auf diese Bewegung einzugehen. Danach muss ein Tempowechsel erfolgen, der Angriffsspieler muss „explodieren“ und die anschließenden Schritte nach rechts und vorne sehr schnell ausführen – der Angreifer (AGS) muss vor dem Verteidiger (AWS) sein.

Aktionen des Kreisläufers (KL)

- Der Kreisläufer befindet sich hinter dem Abwehrspieler und „schleicht“ sich an. Der KL muss dann die Sperre rechts vom Abwehrspieler setzen (von RL aus gesehen).
- Die Sperre muss zeitgleich mit der Täuschung von RL erfolgen.
- 35 Der KL setzt die Sperre im rechten Winkel. Der KL muss einen Fuß vor und einen hinter dem AWS haben, damit dieser nicht am KL vorbei kann.
- Der KL muss seine Arme seitlich am Körper haben und ruhig stehen bleiben, damit nicht wegen Stürmerfoul abgepfiffen wird (kein Block wie im Basketball!).

Sollte sich der Rückraumspieler dafür entscheiden, den Kreisläufer anzuspielen, stehen ihm die folgenden Technikvarianten zur Verfügung:

- Sprungwurfpass
- Bodenpass mit rechts um den Abwehrspieler herum
- Bodenpass mit links, links am Abwehrspieler vorbei

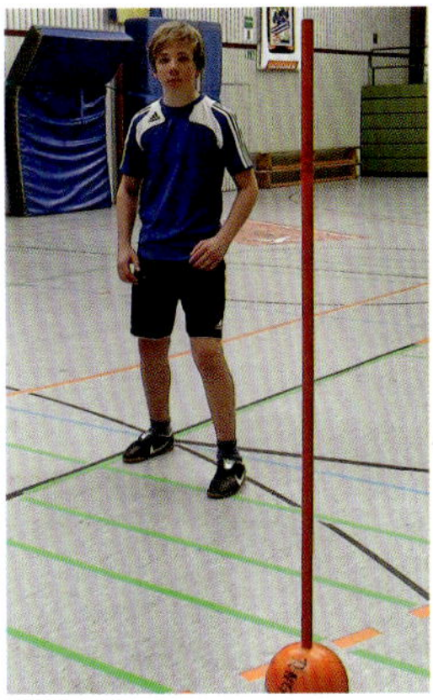

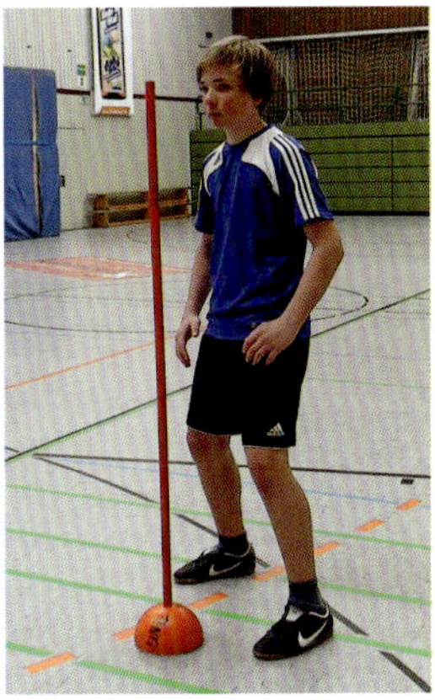

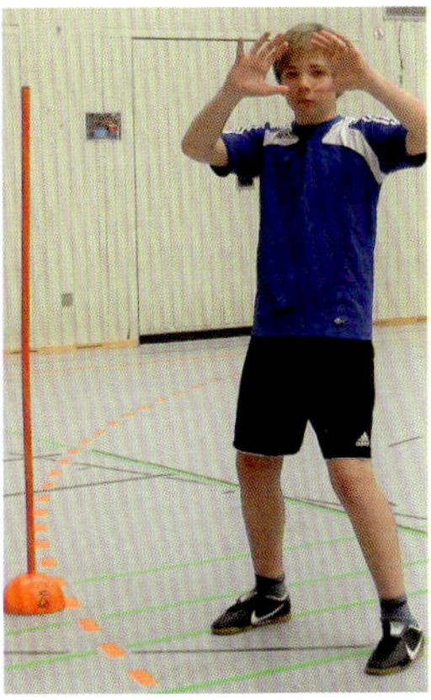

Bilder 29–31

Ziel dieser Doppelstunde ist, das Sperren/Absetzen in der oben beschriebenen Form einzuführen, wobei in folgenden Schritten vorgegangen wird:

(1) Übung 1: Einspringen von Rückraum links und gleichzeitiges Setzen der Sperre vom Kreisspieler. Dies soll zuerst mit Wurf gegen die Wand erfolgen, damit eine möglichst hohe Wiederholungszahl erreicht wird. Als „Abwehrspieler" dienen zuerst nur Stangen zur Orientierung.

(2) Übung 2: Im zweiten Schritt wird das Angriffsmittel in einer Übungsform auf dem Spielfeld realisiert. Zunächst kommt grundsätzlich der Rückraum links zum Wurf.

(3) Übung 3–4: Wie bei Schritt 2, jetzt erfolgt aber grundsätzlich ein Anspiel an den sich absetzenden KL, Wurf von KL.

(4) Übung 5: Entscheidungstraining zwischen Möglichkeit 3 und 4, wobei die Schwierigkeit einerseits durch die Zahl der Abwehrspieler, andererseits durch Übungs- oder spielgemäßes Vorgehen gesteigert werden kann. Logischerweise dienen diese beiden Möglichkeiten auch zur Differenzierung.

Stundenverlauf Doppelstunde 16: Gruppentaktik im Angriff (1)

Stundenabschnitte und Unterrichtsinhalte	Organisatorische Hinweise
Aufwärmphase	
Übungsform 1: Die Schüler laufen prellend kreuz und quer durch die Halle und führen dabei folgende Zusatzaufgaben aus: • Links und rechts im Wechsel prellen. • Vorwärts, rückwärts und seitwärts prellen. • Hopserlauf und dabei beidhändig prellen. • Ball um den Körper kreisen. • Prellen und mit dem anderen Arm kreisen. • Ball fest in der Hand halten und mit diesem Arm kreisen.	Jeder Schüler hat einen Ball.
Weitere Varianten	
• Aus dem Prellen heraus den Ball in der Luft fangen und dabei beidbeinig einspringen.	Dies dient als Vorbereitung für das Einspringen des RL für Sperren/ Absetzen.
• Den Ball aus dem Lauf heraus leicht nach vorne und oben werfen, den Ball im Sprung fangen und beidbeinig einspringen.	
Übungsform 2 „Passen und Fangen“	
• Die Schüler laufen kreuz und quer durch die Halle und spielen sich Sprungwurfpässe zu.	Die Schüler gehen in 2er-Gruppen zusammen, jede Gruppe hat 1 Ball.
• Dto. Bodenpässe mit links und rechts spielen.	

Stundenabschnitte und Unterrichtsinhalte	Organisatorische Hinweise

Spiel- und Übungsphase

Übungsreihe zum Sperren/Absetzen

Übung 1 (vgl. Abb. 66)**:** Die Schüler werfen sich den Ball vor (leicht nach vorne und oben), fangen den Ball in der Luft und springen beidbeinig vor einer Stange oder einem Hütchen ein. Sie führen dann mit dem Oberkörper eine Täuschung nach links aus, gehen nach rechts zum Sprungwurf und werfen gegen die Wand.

Die Schüler stehen alle nebeneinander, Abstand zur Wand ca. 8–10 m. Vor jedem Schüler steht in ca. 2 m Abstand eine Stange (Hütchen), diese soll einen passiven Abwehrspieler darstellen.

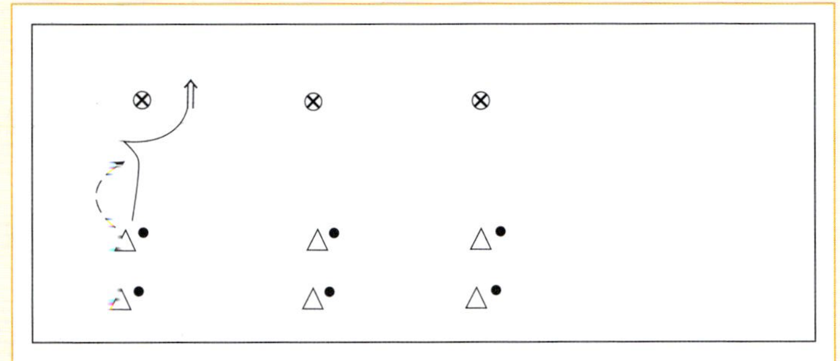

Abb. 66: Übung 1 zum Sperren/Absetzen

Übung 2 (vgl. Abb. 67)**:** Schüler A agiert als Rückraumspieler (vgl. Übung 1), Schüler B als Kreisläufer. A wirft sich den Ball vor, fängt ihn im Sprung und springt beidbeinig ein, gleichzeitig stellt B eine Sperre an der Stange, A wirft nach einer Körpertäuschung im Sprungwurf an die Wand.

2er-Gruppe, jede Gruppe hat einen Ball.

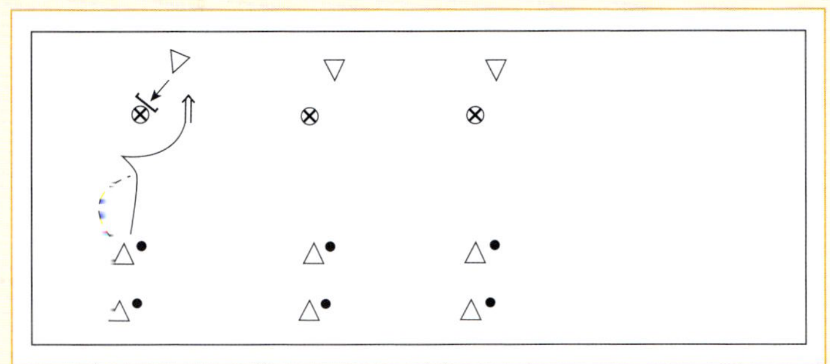

Abb. 67: Übung 2 zum Sperren/Absetzen

Stundenabschnitte und Unterrichtsinhalte	Organisatorische Hinweise
Übung 3 (vgl. Abb. 68)**:** Wie Übung 2, allerdings geht A nach seiner Körpertäuschung zum Sprungwurf, B löst sich nun aus der Sperre und wird von A mit einem Sprungwurfpass angespielt.	6–8 Wiederholungen und dann Wechsel.

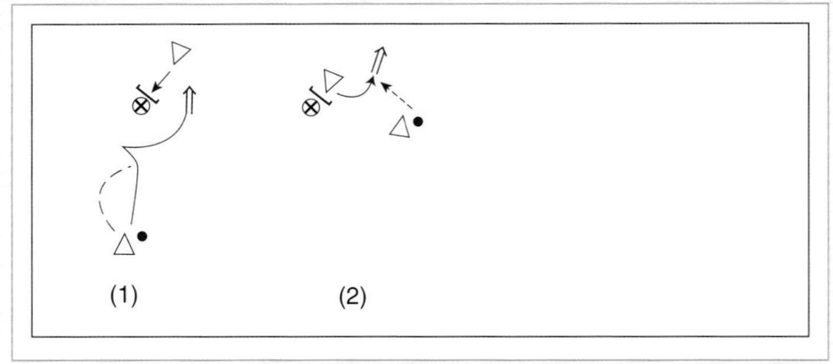

Abb. 68: Übung 3 zum Sperren/Absetzen

Übung 4: Wie Übung 3, allerdings geht A nach der Täuschung nur nach rechts (ohne Sprungwurf), B löst sich vom Abwehrspieler und wird von A mit Bodenpass angespielt.	6–8 Wiederholungen und dann Wechsel. 36

Übung 5: Spiel 2 gegen 1 mit Sperren/Absetzen auf ein Tor

Rückraum links (RL) spielt mit dem Linksaußen (LA) einen Doppelpass. Im Anschluss spielt RL mit dem Kreisläufer Sperren/Absetzen gegen einen halbaktiven Abwehrspieler HR (Gegenspieler des RL). RL muss nun entscheiden (vgl. Abb. 69):

- Kann der KL die Sperre erfolgreich setzen, wirft RL per Sprungwurf auf das Tor.
- Kann sich der Abwehrspieler aus der Sperre lösen und den RL bedrängen, so spielt RL den KL an und dieser wirft dann aufs Tor.

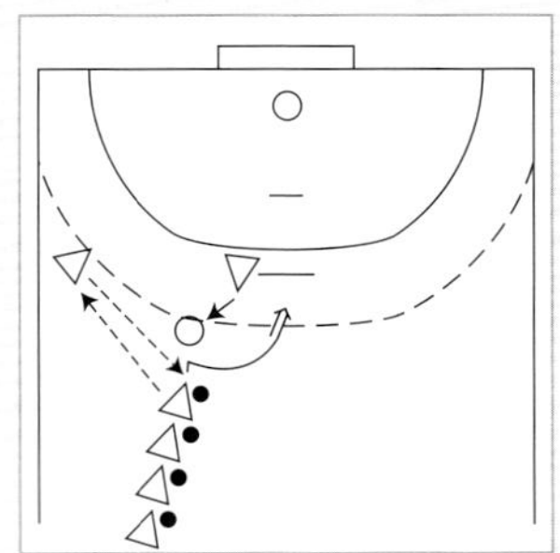

7 Wiederholungen und dann Wechsel.

4 RL agieren nacheinander, 2 KL agieren im Wechsel, 1 LA als Anspieler.
Die Übung kann auf 2 bis 4 Tore parallel durchgeführt werden.

Abb. 69: Spiel 2 gegen 1 mit Sperren/Absetzen

Übung 6: Wie Übung 5, allerdings agiert der Abwehrspieler jetzt gegen den Kreisspieler (HM). Als Orientierungshilfe wird für den RL wieder ein Hütchen aufgestellt.

- Bleibt HM beim KL oder defensiv, wirft RL auf das Tor.
- Greift HM RL offensiv an, erfolgt ein Abspiel zum sich absetzenden KL.

37

Spielphase

Sektorenspiel „2 gegen 2 plus 1 mit Sperren/Absetzen – Aufgabenstellungen“ (vgl. Abb. 70)

- RL spielt mit LA einen Doppelpass.
- RL spielt mit KL Sperren/Absetzen.
- RL muss nun situativ entscheiden.

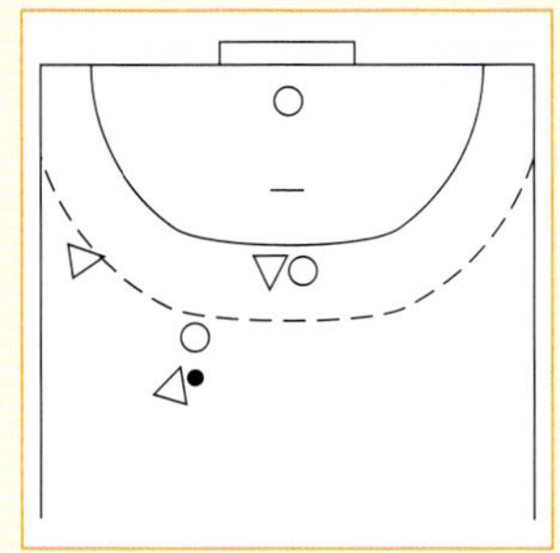

Abb. 70:
Sektorenspiel 2 gegen 2 plus 1

Spiel 3 gegen 3 plus 2 (vgl. Abb. 71)

Die Schüler sollen frei spielen und immer wieder Sperren/Absetzen ansetzen und dann situationsgerecht weiterspielen.

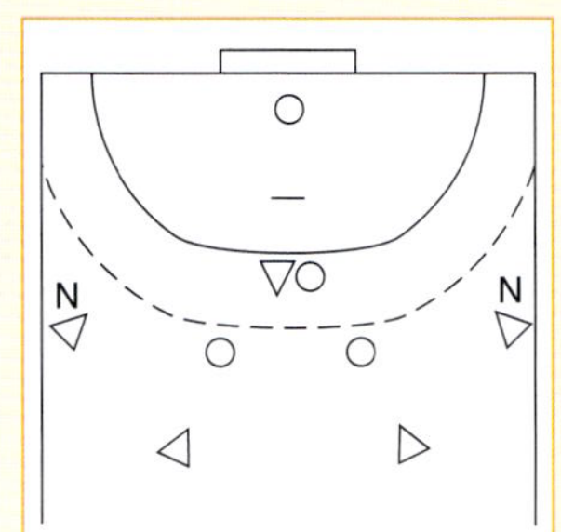

Aufstellung: 3 Verteidiger, 1 fester KL, 2er-Gruppen mit 1 Ball agieren als Rückraumspieler.

7–10 Angriffe und dann Wechsel von Zuspielern und KL.

Wettkampf: Welche Abwehrgruppe erhält am wenigstens Angriffe?

Abb. 71: Spiel 3 gegen 3 plus 2 (N = neutraler Zuspieler)

4 Doppelstunde 17: Gruppentaktik im Angriff (2)

Nachdem die vorangegangene Doppelstunde das Ziel verfolgte, Sperren/Absetzen als gruppentaktisches Angriffsmittel einzuführen, geht es in der Doppelstunde 17 darum, dieses Angriffsmittel in Übergänge zu integrieren bzw. es im Rahmen von Übergängen anzuwenden. Bei diesem Vorhaben ist wichtig zu wissen, dass diese Übergänge bereits zentraler Unterrichtsbaustein in der Mittelstufe waren (vgl. Doppelstunde 9 und 10), also auf bereits erlernten Dingen aufgebaut werden kann oder diese aber zuerst wiederholt bzw. vertieft werden müssen.
Aus diesem Grund wird auch in dieser Doppelstunde nochmals Ablauf und Grundintention der Übergänge beschrieben:

- Ein Übergang wird grundsätzlich von einem Rückraum- oder einem Außenspieler ausgelöst, der von seiner Position auf einem vorgegebenen Weg an den Kreis einläuft.
- Nach einem solchen Übergang, auch Einlaufen genannt, wird mit 2 Kreisläufern weitergespielt, womit sich gute Voraussetzungen für Sperren/Absetzen als Angriffsmittel auf beiden Seiten ergeben.

Für die Doppelstunde 17 heißt dies, dass zunächst nach dem bereits erlernten Übergang von RM weitergespielt und aus der neuen Angriffsaufstellung das Sperren/Absetzen angewendet wird. Später kann dies auch nach dem Einlaufen eines Außenspielers umgesetzt werden.
Vor dem Hintergrund dieser Zielsetzungen soll der Schwerpunkt der Doppelstunde 17 auf dem Spielen liegen. Hierbei sollten Sportlehrer auf Folgendes achten:

- Die Schüler erhalten die Vorgabe einen Übergang zu spielen und situationsgerecht bis zur Torchance weiterzuspielen. Sie sollen dabei lernen Geduld zu haben und so lange weiterzuspielen bis sich eine echte Torchance ergibt.
- Zwischendurch soll der Lehrer auch immer wieder unterbrechen, und – gemäß den Prinzipien des TGfU (vgl. Kapitel I) – auf gute und schlechte Lösungsmöglichkeiten eingehen, diese besprechen und ggf. Alternativen aufzeigen.

- Das Spielen soll zuerst in Grundspielen (Sektorenspiele) in Überzahl- oder in Gleichzahl erfolgen. Erst zum Abschluss sollte „4 gegen 4" oder „6 gegen 6" gespielt werden.
- Als Anreiz die gelernten gruppentaktischen Maßnahmen, also Übergang und Sperren/Absetzen, anzuwenden, können Bonuspunkte gegeben werden. Sie sind in folgender Form zu realisieren:
  - Tore nach Übergängen oder nach Sperren/Absetzen zählen doppelt.
  - Tore nach Übergang mit anschließendem Sperren/Absetzen zählen dreifach. Tore nach Übergängen und/oder nach Sperren/Absetzen werden mit einem weiteren Angriff belohnt.

Zusammenfassend ist noch anzumerken, dass die Zielsetzung der Doppelstunde 17 sehr ehrgeizig ist, da Übergänge von mehreren Positionen angesprochen werden. Lehrkräfte sollten sich deshalb bewusst sein, dass es sich hierbei um einen Maximalkatalog handelt, der jederzeit reduziert oder aber auf zwei oder drei Doppelstunden verteilt werden kann. Sollte diese Lösung bevorzugt werden, dann ist zu empfehlen, dass relativ viel gespielt wird, um auf diese Weise Lauf- und Ballwege ständig unter Spielbedingungen auszuführen.

Stundenverlauf Doppelstunde 17: Gruppentaktik im Angriff (2)

Stundenabschnitte und Unterrichtsinhalte	Organisatorische Hinweise
Aufwärmphase	
Übung 1 „Laufen und Passen“	
• Die Schüler laufen kreuz und quer durch die Halle und passen sich den Ball zu. Dabei sollen sie die Entfernung zu einander ständig variieren. • Kurze Abstände zueinander und Bodenpässe.	2er-Gruppen, jede Gruppe hat einen Ball.
• Schüler A spielt B einen Pass zu, B legt den Ball auf den Boden und läuft in irgendeine Richtung, A läuft zum Ball und spielt erneut einen Pass zu B, ...	A spielt 10 Pässe und dann Aufgabenwechsel.
Spielform 1 „Handball – Fußball“	
Zwei Mannschaften spielen im Handballfeld gegeneinander. Außerhalb des Wurfkreises darf der Ball nur mit der Hand gespielt werden, innerhalb nur mit dem Fuß. Tore können nur mit dem Fuß erzielt werden.	2 Mannschaften (6–8 Schüler pro Mannschaft) auf das ganze Spielfeld oder 4 Mannschaften (4–5 Schüler pro Mannschaft) auf 2 kleine Querfelder.
Spielform 2 „Fußball – Handball“	
Die Spielform funktioniert genau umgekehrt wie Spielform 1.	
Übungsformen zum Einwerfen des Torwarts (vgl. Abb. 72) • Der Ball wird in die Vorwärtsbewegung des Nebenspielers gespielt, dieser wirft dann aufs Tor. Nach dem Torwurf stellen sich die Schüler entweder an der eigenen oder aber an der gegenüberliegenden Reihe an. • Je Torwart jeweils 1 Durchgang mit dem Ziel: – oben links, rechts im Wechsel – unten links, rechts im Wechsel – rechts oben, links unten im Wechsel – links oben, rechts unten im Wechsel – frei	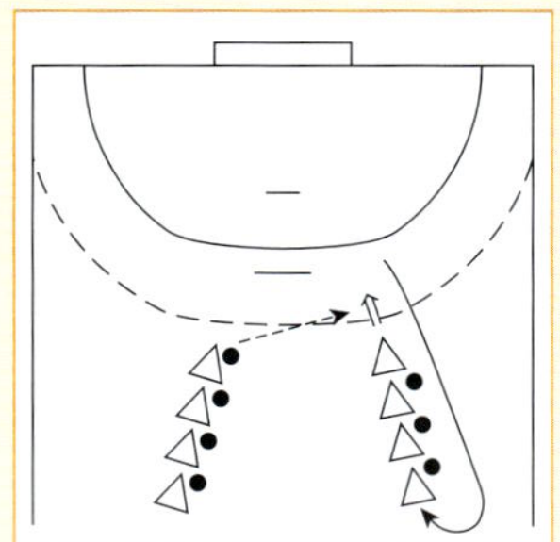 Alle Schüler stellen sich mit Ball in zwei Reihen (RL und RR) hintereinander auf, der erste Schüler der Reihe RR hat keinen Ball. Abb. 72: Übungsformen zum Einwerfen des Torwarts

Spiel- und/oder Übungsphase

Spielform 1 „4 gegen 3 plus 2“ (vgl. Abb. 73)

Die Spielform wird als Sektorenspiel auf ein Tor mit folgender Aufstellung praktiziert: 3 Rückraumspieler, 1 Kreisläufer, 2 neutrale Zuspieler, 3 Abwehrspieler.

Die Aufgabe für die angreifende Mannschaft lautet: Übergang von RM, anschließend mit 2 KL situationsgerecht weiterspielen, dabei immer wieder versuchen Sperren/Absetzen anzusetzen.

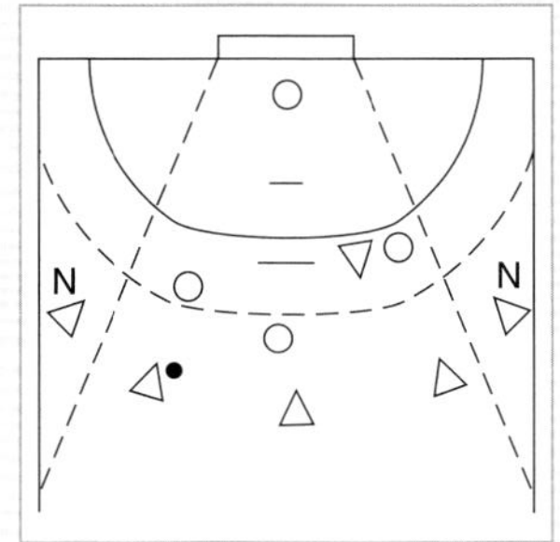

Abb. 73: Spielform 1 zur Angriffsentwicklung

Spielform 2 „4 gegen 4 plus 2“

Spielform 1 wird in dieser Stufe zu einer Spielform in Gleichzahl ausgebaut, d. h. es kommt ein weiterer Abwehrspieler hinzu.

Spielform 3 „5 gegen 4 bzw. 5 gegen 5“ (vgl. Abb. 74)

Die bisher ausschließlich als Anspielstationen agierenden Außenspieler werden jetzt zu voll aktiven Mitspielern.

Aufgabenstellung: Der Kreisspieler stellt sich auf die linke Angriffsseite und LA läuft nach einem Abspiel an RL auf die rechte Angriffsseite an den Kreis ein. Es wird situationsgerecht weitergespielt und immer wieder versucht Sperren/Absetzen anzusetzen (sowohl der Kreisläufer als auch der eingelaufene Spieler stellen Sperren).

3 Rückraumspieler, 1 KL, 1 LA (oder RA), 4 Abwehrspieler

Stehen zwei Spielfelder oder zwei Sektoren zur Vefügung, kann mittels Spielform 1 und 2 differenziert werden.

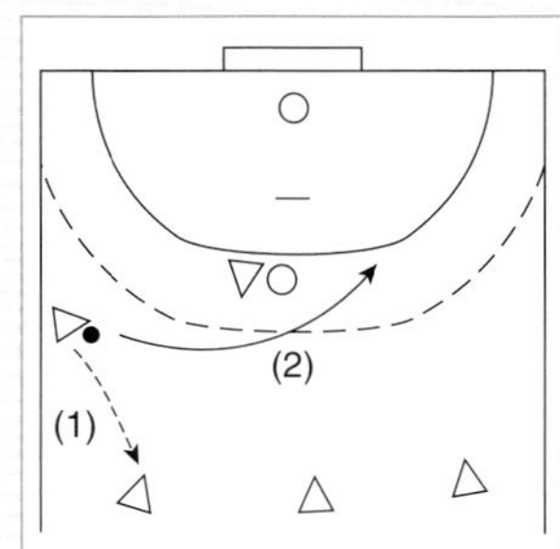

Aufstellung: RL, RR, KL, LA und RM

Abb. 74: Spielform 3 zur Angriffsentwicklung

Stundenabschnitte und Unterrichtsinhalte	Organisatorische Hinweise
Spielphase	
Spiel 4:4	
Freies Spiel, die Teams sollten immer wieder versuchen, einen Übergang von RM und/oder Sperren/Absetzen anzusetzen.	Querfeld 3 Rückraumspieler, 1 KL
Spiel 6:6	
Freies Spiel, immer wieder versuchen, Übergänge von RM oder LA/RA und/oder Sperren/Absetzen anzusetzen.	Es kann die Bonusregel angewendet werden, d. h. ein Tor nach einem Übergang oder einem Sperren/Absetzen zählt doppelt; ein Tor nach einem Übergang mit anschließendem Sperren/Absetzen zählt dreifach.

5 Doppelstunde 18: Einführung in das Gegenstoßspiel (1)

Der Gegenstoß zählt zu den attraktivsten und effektivsten taktischen Angriffsmitteln des modernen Handballspiels (vgl. Kapitel IV.1). Er ist zudem – in entsprechender Form – auf jeder Könnensstufe einsetzbar, wobei je nach Zielgruppe unterschiedliche Schwerpunkte zu setzen sind. Für den Handballunterricht in der Schule bietet sich eine Strategie an, die mit der Zielsetzung „Förderung des schnellen Umschaltens von Abwehr auf Angriff" beschrieben werden kann. Hierzu sind vier spezifische Voraussetzungen in den Mittelpunkt der didaktisch-methodischen Überlegungen zu rücken:

- Zunächst gilt es das Umschalten an sich schwerpunktmäßig zu schulen. Dies bedeutet, dass Spiel- und Übungsformen anzubieten sind, in denen die Schüler aus einer Abwehrtätigkeit heraus ohne Zeitverlust einen Angriff beginnen müssen. Anders herum formuliert: Situationen, in denen ein Gegenstoß aus dem Stand gelaufen wird, sind auf ein Minimum zu reduzieren, da sie zwar an der einen oder anderen Stelle als Vereinfachungsstrategien, z. B. im Bereich der Technikschulung, helfen mögen, letztendlich aber nicht der Spielstruktur entsprechen.
- Für den Handballunterricht in der Schule hat dies einen weiteren Vorteil: Aufgrund der Tatsache, dass Unterrichtszeit immer knapp bemessen ist, sind Lehrer im Kursbetrieb der Oberstufe häufig thematisch eingeschränkt. Eine Verbindung von zwei Themen – Abwehr und Gegenstoß – spart dann einerseits Unterrichtszeit, andererseits entspricht sie in diesem Fall exakt den strukturellen Merkmalen des zu unterrichtenden Spiels.
- Ein Gegenstoßspiel erfordert entsprechende und spezifische technische Grundlagen, so zum Beispiel das Fangen eines Balles in hoher Geschwindigkeit und bogenförmige Laufwege. Insofern sind Übungsformen einzusetzen, die diese technisch-taktischen Anforderungen zum Inhalt haben. Hierzu bieten sich vor allem vorbereitende Übungen im Rahmen des Aufwärmens oder aber gezielte Übungen innerhalb eines Spiel-/Übungsblocks im Hauptteil der beiden Stunden an.
- Schließlich ist es angezeigt, Spielformen einzusetzen, die die Entwicklung einer gegenstoßspezifischen Spielfähigkeit realisie-

ren. Solche *Grundspiele* für den Gegenstoß können auch so konzipiert werden, dass eine Hallenhälfte für ihre Umsetzung reicht, und sie werden sowohl in Überzahlsituation wie auch in Gleichzahl gespielt. Um die Grundspiele zur Erarbeitung einer spezifischen Spielfähigkeit Gegenstoß deutlich von den Grundspielen zum Positionsangriff abzugrenzen, wird im Folgenden in Anlehnung an das Basketballspiel auch der Begriff *Transition-Games* oder *Übergangsspiele* verwendet.

Somit kann abschließend festgehalten werden, dass eine spielnahe Gegenstoßvermittlung immer so organisiert sein muss, dass von den Spielenden Entscheidungen bezüglich alternativer Handlungsmöglichkeiten zu treffen sind. Konkret bedeutet dies, dass z. B. Torhüter lernen müssen, zwischen kurzen und langen Pässen auszuwählen oder Angreifer in die Lage versetzt werden müssen, situationsangemessene Täuschungen und Wurftechniken einzusetzen.

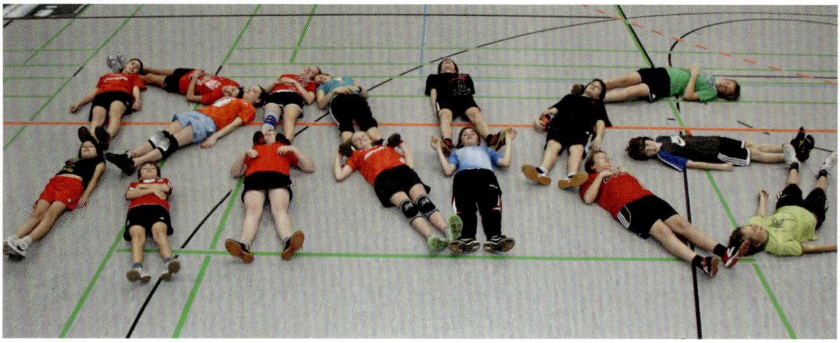

Schüler des **RNG** Wangen/Allg.

Stundenverlauf Doppelstunde 18: Einführung in das Gegenstoßspiel (1)

Stundenabschnitte und Unterrichtsinhalte	Organisatorische Hinweise
Aufwärmphase	
Aufwärmen „Partnerprellen“ • Übung 1: A prellt im lockeren Lauf durch die Halle. B läuft, auch bei Handwechsel von A, immer neben dem Ball. • Übung 2: wie Übung 1, aber A wechselt jetzt bewusst alle 5 Meter die Laufrichtung. • Übung 3: wie Übung 2, aber B steppt jetzt in Abwehrhaltung neben dem Ball. • Übung 4: wie Übung 3, A wechselt immer wieder das Tempo, B wechselt zwischen Stepp- und Sprintbewegung.	Zweiergruppen, jeder Schüler hat einen Ball. Wechsel auf Zeichen des Lehrers (z. B. Pfiff, Hupe, erhobene Hand, ...).
Spielform „Wandball“ (vgl. S. 44) Wandball wurde als Spielform bereits in der Unterstufe eingeführt (vgl Doppelstunde 1). Die angreifende Mannschaft versucht den Ball als Aufsetzer so gegen die zu verteidigende Wand der gegnerischen Mannschaft zu werfen, dass er nach dem Wandkontakt den Boden berührt. Die Verteidiger müssen sich nach einem Wurf sofort zur Wand orientieren und den Abpraller holen.	Es ist empfehlenswert, die Halle in 2 Spielfelder einzuteilen. Es wird ohne Prellen und Tippen gespielt.
Spiel- und/oder Übungsphase	
Spielform „Transition Game 3 gegen 2“ (Abb. 75) Auf jedem Spielfeld befinden sich drei Teams à 3 Spieler sowie 2 Torhüter. Mannschaft A greift gegen 2 Spieler der Mannschaft B an, der dritte Spieler von B befindet sich außerhalb des Spielfeldes neben dem Ballkasten. Sofort nach Abschluss des Angriffes bringt B3 einen Ball von Außen ins Spiel und Team B versucht so schnell wie möglich gegen 2 Spieler von C eine Überzahl herauszuspielen. Danach spielt C gegen A. **Reflexionsgespräch mit folgenden Fragen** Wann wart ihr erfolgreich? Wie können Laufwege optimal gestaltet werden? Was ist eurer Meinung nach der richtige Moment zum Loslaufen? Anschließend Spielform wiederholen.	Auf einer Spielfeldseite sind 2 Ballkästen, etwa auf Höhe der Freiwurflinie deponiert. 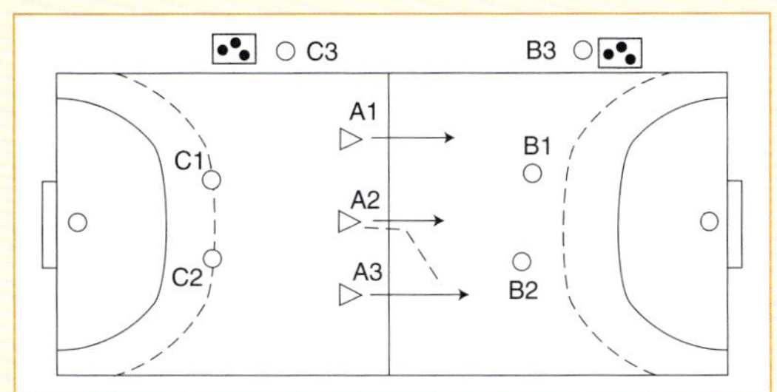 38 Abb. 75: Transition Game 3 gegen 2

Stundenabschnitte und Unterrichtsinhalte	Organisatorische Hinweise

Übungsformen zur Ballannahme in hoher Geschwindigkeit

- Übung 1 (vgl. Abb. 76): A sprintet los, nach etwa 8 Metern passt B den Ball in den Lauf von A; dieser prellt um das gegenüberstehende Hütchen und spielt den Ball zu B zurück. Das ist der Moment in dem C denselben Ablauf startet. A stellt sich an der anderen Seite von B an. Die Übung wird anschließend auf der anderen Seite begonnen. Nach 3 Durchgängen erfolgt Zuspielerwechsel.
- Übung 2: A und B stehen sich in kurzem Abstand gegenüber und spielen schnelle Doppelpässe. Einer der beiden Schüler legt den Ball auf den Boden und startet sofort zum Gegenstoß, der andere sichert den Ball und spielt den Pass; der zweite Teil ist gleich, wie in Übung 1 beschrieben.
- Übung 3 (vgl. Abb. 77): A und B laufen vor- und rückwärts zwischen der 6- und der 9-Meter-Linie. Auf Zeichen von C (z. B. Prellen, Ball hochhalten, ...) starten sie zum Gegenstoß und schließen diesen nach einem Diagonalpass mit Torwurf ab.

Die Dreiergruppen aus dem Spiel bleiben bestehen.

39

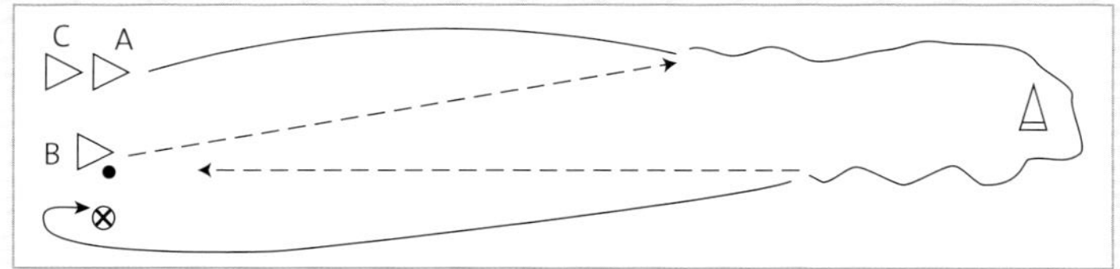

Abb. 76: Übung 1 zum Gegenstoß

40

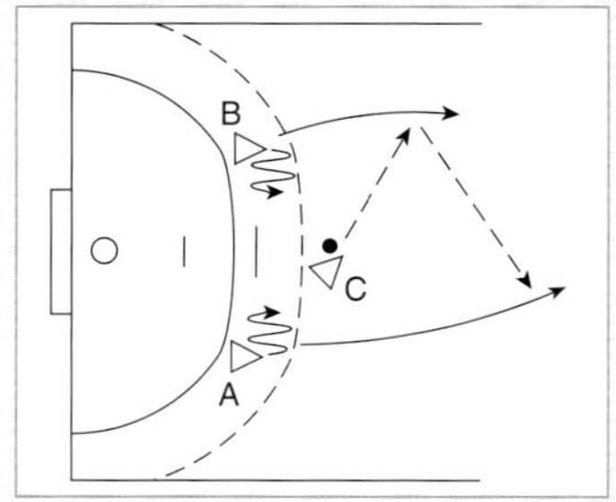

Abb. 77: Übung 3 zum Gegenstoß

Spielphase

Spielform Handball „5 gegen 5 mit Sonderregeln" (Abb. 78)

Es sollte auf zwei Spielfeldern gleichzeitig 4 gegen 4 gespielt werden, wobei die Teams mit einer 1:3-Abwehr (Zwei-Linien-Verteidigung) agieren. Spieler 5 ist der Torwart. Bei Ballgewinn durch eine Mannschaft laufen die 3 vorderen Spieler sofort zum Gegenstoß, der hintere Spieler sichert den Torraum und läuft anschließend als „Libero" nach.

Spielziel: Schafft es eine Mannschaft mit weniger als 3 (4) Pässen einen Torwurf zu absolvieren, erhält sie einen (zweiten) Bonusangriff.

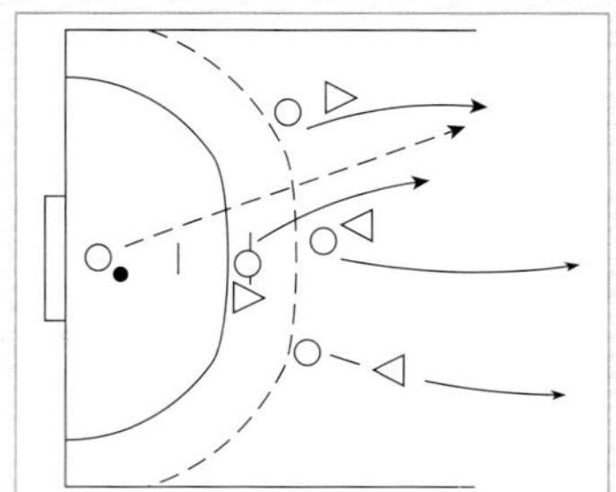

Abb. 78: Spiel 5 gegen 5 mit Sonderregeln

6 Doppelstunde 19: Einführung in das Gegenstoßspiel (2)

Nachdem bereits in der Doppelstunde 18 deutlich gemacht wurde, dass eine Schulung des Gegenstoßes das Umschalten von Abwehr auf Angriff, spezifische technische Grundlagen sowie ein Transition-Verhalten umfassen muss, verfolgt die jetzt folgende Stunde das Ziel, zum einen diese Inhalte zu vertiefen, und zum anderen ein weiteres wichtiges Element, das Entscheidungsverhalten, hinzuzunehmen.

Entscheidungen sind Teil jeglichen individualtaktischen Verhaltens, egal ob sich ein Schüler in einer abwehr- oder einer angriffsspezifischen Situation befindet. Insofern ist es wichtig, Entscheidungen so früh wie möglich in den Übungs- oder Spielprozess einzubauen, was ja in kleinem Umfang auch bereits in der Doppelstunde 18 erfolgt ist (vgl. u. a. das Aufwärmprogramm oder das *Transition Game* 3 gegen 2). Dies gilt natürlich insbesondere für spezifische Gegenstoßübungen, die folglich Aufgaben enthalten sollten, die nur durch schnelle Entscheidungen gelöst werden können:

- Eine Möglichkeit dies zu tun besteht darin, bei *Transition Exercises* Entscheidungen bez. Lauf- und Passwegen durch frei agierende Verteidiger zu erzwingen, wobei die Entscheidungshäufigkeit durch Erhöhung der Verteidigerzahl gesteigert werden kann.
- Eine zweite Möglichkeit spieltypische Entscheidungen in einen Übungsprozess zu integrieren, besteht in einer großen Spielnähe. Wie bereits im einleitenden Kapitel beschrieben wurde, sind Gegenstoßübungen oder -spielformen dann als besonders effektiv einzustufen, wenn sie mit einer typischen Abwehr-Angriffs-Situation beginnen. In anderen Worten: Ein Schüler läuft einen Gegenstoß aus einer Situation heraus, in der er zunächst als Verteidiger agiert hat. Diese Grundidee kann man auf verschiedenen Komplexitätsniveaus realisieren, die im Folgenden anhand von drei Beispielen konkretisiert werden sollen:

Niveaustufe „Übungsform" (vgl. Abb. 79 a/b)

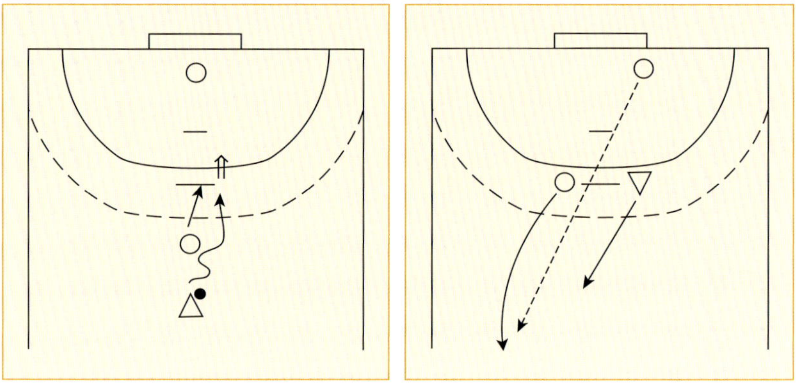

Abb. 79 a/b: Übungsform – einfaches Niveau

Deutlich wird in Abbildung 79 (vgl. auch Doppelstunde 18), dass der Schüler A nicht nur den typischen bogenförmigen Laufweg des Gegenstoßes und die Ballannahme in hohem Tempo übt, sondern diese Bewegung aus abwehrspezifischen Grundbewegungen heraus absolviert.

Niveaustufe „Wettkampfform" (vgl. Abb. 80)

Abbildung 80 macht deutlich, dass vor dem Start zum Gegenstoß aktiv gegen Angreifer verteidigt werden muss und der Gegenstoß nur gelaufen werden darf, wenn zuvor der Angriff erfolgreich abgewehrt wurde, d. h. erzielen die Angreifer ein Tor, erhalten sie einen erneuten Angriff. Wichtig ist, dass pro Spielfeld wenigstens 2 Angreifer- und 3 Abwehr-/Gegenstoßgruppen eingeteilt werden.

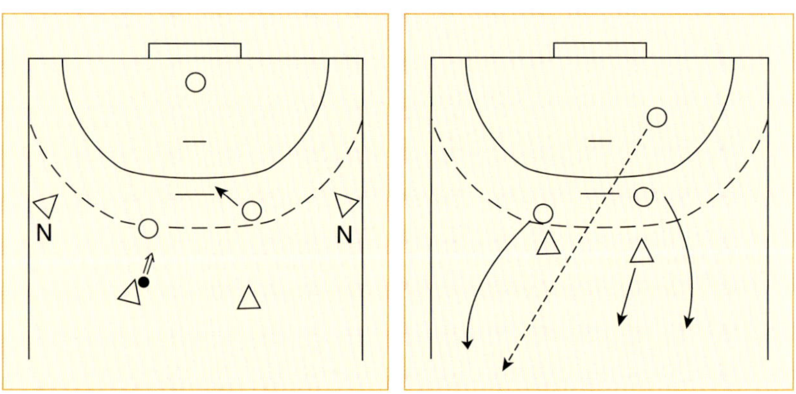

Abb. 80 a/b: Wettkampfform zum Gegenstoß (N = neutraler Zuspieler)

Niveaustufe „Spielform“ (Abb. 81)

Am effektivsten, aber auch am attraktivsten ist das „Üben“ von Gegenstoßverhalten in Spielformen, bei denen der typische Wechsel von Abwehr- und Angriffstätigkeit dominiert. Durch Zusatzregeln kann man das typische Gegenstoßverhalten provozieren, z. B. durch Belohnung erfolgreicher Angriffe. Eine Angreifergruppe bleibt, so lange sie erfolgreich ist, im Angriff – eine Maßnahme, mit Hilfe derer auch die in den Doppelstunden 16 und 17 thematisierten gruppentaktischen Angriffsmittel wiederholt werden können. Abbildung 81 zeigt eine solche Spielform am Beispiel einer Variante von Dreierhandball *(Überschlagspiel)*:

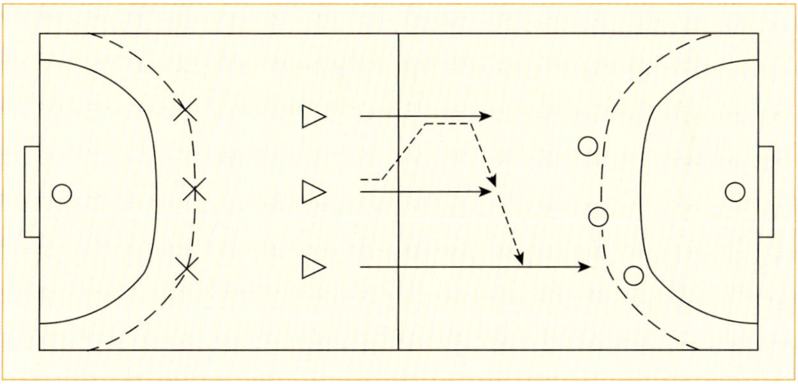

Abb. 81: Dreier-Handball zur Verbesserung des Gegenstoßes

Stundenverlauf Doppelstunde 19: Einführung in das Gegenstoßspiel (2)

Stundenabschnitte und Unterrichtsinhalte	Organisatorische Hinweise
Aufwärmphase	
Aufwärmen „Befreiungsprellen“ Übung 1: Alle Schüler prellen in einem gekennzeichneten Feld. Drei bis fünf Schüler agieren als Fänger (ohne/mit Ball). Wer abgeschlagen wird, bleibt stehen und zeigt dies durch Hochhalten des Balles an. Befreiung erfolgt durch … • … Freischlagen des Mitspielers. • … Balltausch. • … einen Mitspieler, der dem Gefangenen durch die Beine prellt oder kriecht.	Ggf. das Aufwärmen auf zwei Feldern anbieten. Jeder Schüler hat einen Ball. Die Fänger sind farblich zu markieren.
Spielform „Reboundball“ Zwei 4er- oder 5er-Teams spielen gegeneinander, wobei möglichst wieder auf 2 Feldern gespielt werden sollte. Punkte werden erzielt, indem der Ball gegen das Basketballbrett geworfen wird und der zurückprallende Ball den Boden berührt. Die verteidigende Mannschaft kann also auch nach einem Wurf den Punktgewinn durch Fangen des zurückprallenden Balles verhindern und ggf. sofort danach einen schnellen Angriff spielen. **Variante 1:** Ein Abwehrspieler kann bereits durch Berühren des zurückprallenden Balles einen Punktgewinn verhindern. **Variante 2:** Statt Bodenkontakt des Balles muss ein angreifender Spieler den Ball fangen.	Es wird nach Handball-Regeln und ohne Prellen gespielt.

Übungsformen zum Gegenstoß nach Torwurf

41

- Übung 1 (vgl. Abb. 82): Es werden Zweiergruppen gebildet, wobei jeder Schüler einen Ball hat. Beide Schüler laufen an, einer wirft aufs Tor, der andere rollt seinen Ball zum Torwart. Beide starten zum Gegenstoß. Der Torwart spielt – nach Abwehr des ersten Balles – einen von beiden an. Abschluss durch Torwurf.

Wichtig: Kann der Torwart den geworfenen Ball unter Kontrolle bringen, wirft er sofort einen Gegenstoß. Gelingt dies nicht, erläuft er den 2. Ball.

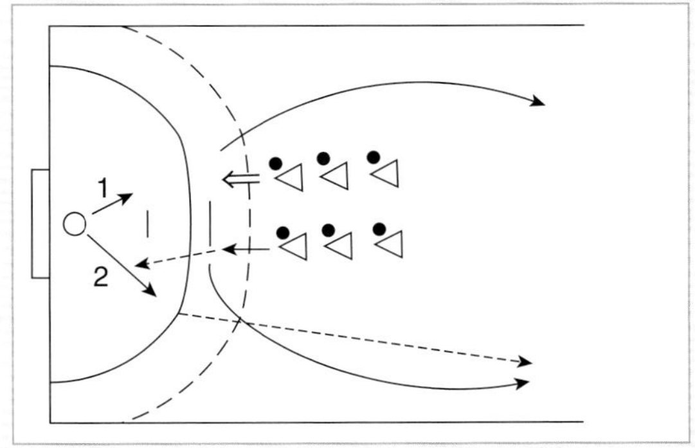

Abb. 82: Übung 1

- Übung 2 (vgl. Abb. 83): Wie Übung 1, allerdings müssen die beiden Gegenstoßspieler in der rechten Spielfeldhälfte eine 2 gegen 1 Überzahl ausspielen.

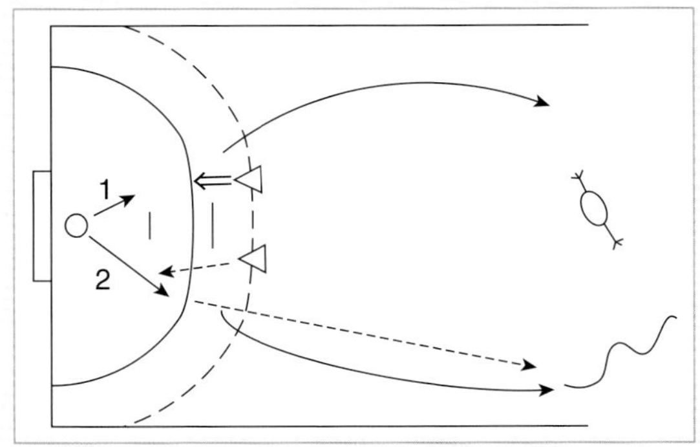

Abb. 83: Übung 2

- Übung 3: 3 Abwehrspieler befinden sich in einer offensiven Grundposition und bekommen spezifische Bewegungsaufgaben, z. B. Sprünge, steppen, usw. Auf Pass des Zuspielers zum Torwart starten sie zum Gegenstoß und schließen diesen nach 2 weiteren Pässen mit Torwurf ab.

Es sind pro Spielfeld mehrere Abwehrgruppen zu bilden, so dass sich nach dem Gegenstoß der ersten Gruppe sofort die nächste bereit machen kann.

Stundenabschnitte und Unterrichtsinhalte	Organisatorische Hinweise
• Übung 4 (Abb. 84): wie Übung 3, allerdings wird der Zuspieler durch eine Angreifergruppe ersetzt. Es wird jetzt – wettkampfähnlich 3 gegen 3 gespielt, Torwurf oder Ballverlust der Angreifer bedeutet Gegenstoß. Auch bei dieser Übung können zwei oder drei Gegenstoßgruppen abwechselnd üben.	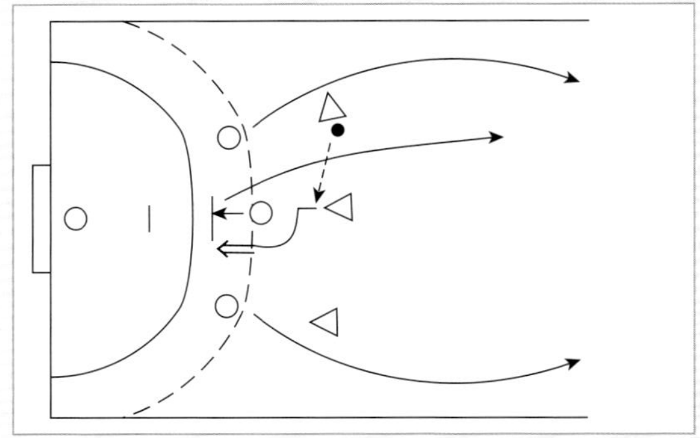 Abb. 84: Übung 4 42 Auch bei Torerfolg sollte die verteidigende Mannschaft einen Gegenstoß laufen.

Spielphase

Spiel „Handball 5 gegen 5"

Es wird ein normales Handballspiel ausgetragen, das allerdings um die in der Doppelstunde 18 eingeführte Regel „Gegenstoß => 2. Angriff" ergänzt wird.

Als Lehrkraft sollte man das Spiel hin und wieder unterbrechen, um typische Situationen im Sinne der Bildung taktischer Kenntnisse zu analysieren.

ANHANG

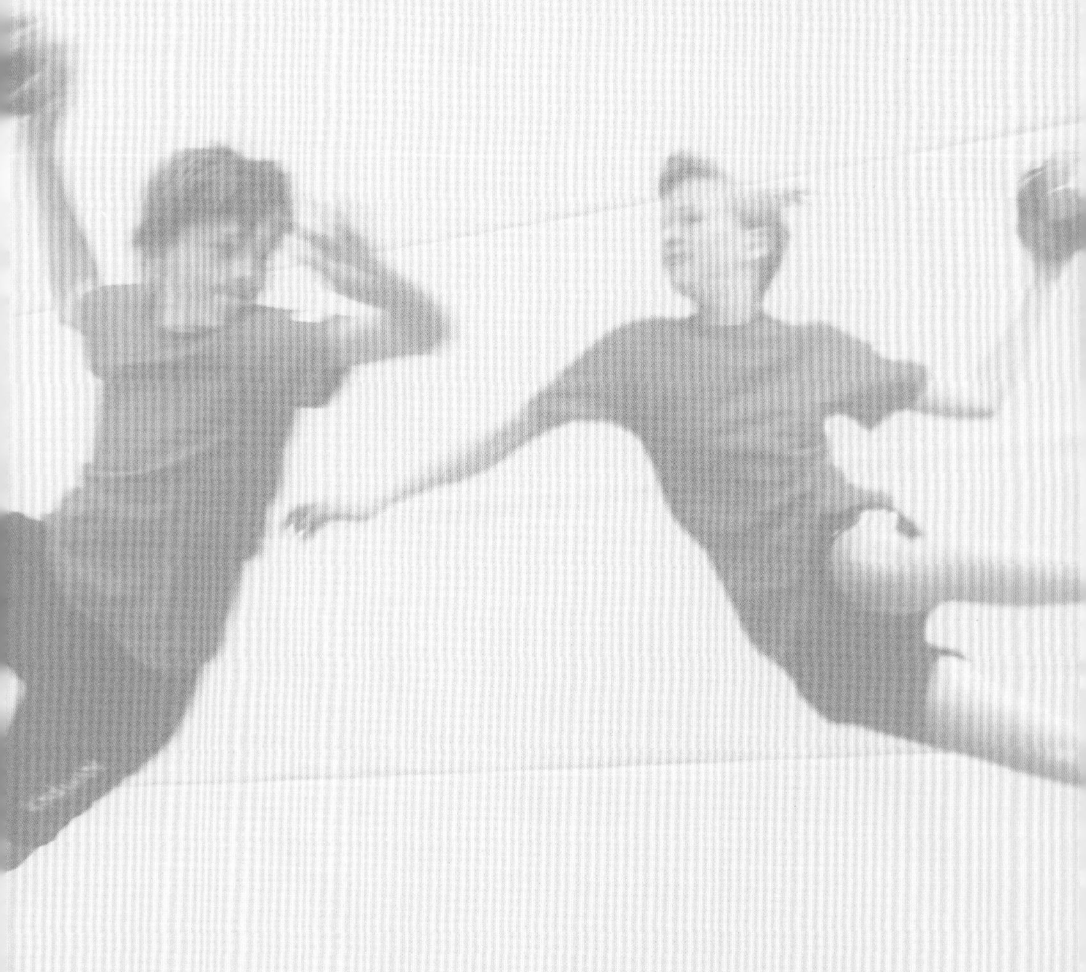

Literatur

Blume, D. D. (1978). Zu einigen wesentlichen Grundpositionen für die Untersuchung der koordinativen Fähigkeiten. *Theorie und Praxis der Körperkultur, 27,* 29–36.

Bohler, H. R. (2006). Spielen lernen durch Taktik lernen – Beispiele Netz- und Wandspiele. *sportunterricht, 55,* 260–266.

Braun, R. (1999). Die „5 Regeln“ des Basketballspiels im Sportunterricht. *Lehrhilfen für den sportunterricht, 48* (10), 158.

Braun, R., Goriss, A. & König, S. (2014). *Doppelstunde Basketball* (4. Auflage). Schorndorf: Hofmann.

Bunker, D. & Thorpe, R. (1982). A model for the teaching of games in secondary schools. *Bulletin of Physical Education, 18,* 5–8.

Czwalina, C. (1988). Methodische Verfahren in der Vermittlung von Sportspielen. In C. Czwalina (Hrsg.), *Methodisches Handeln im Sportunterricht* (S. 225–243). Schorndorf: Hofmann.

Deutscher Handballbund (1995). (Hrsg.). *Handball Handbuch Band 2: Grundlagentraining für Kinder und Jugendliche im Leistungssport* (3. Aufl.). Münster: Philippka.

Deutscher Handballbund (2007). (Hrsg.). *Spielen mit Hand & Ball. Unterrichtshilfen für die Grundschule.* Dortmund.

Dietrich, K. (1972). *Fußball, spielgemäß lernen – spielgemäß üben.* Schorndorf: Hofmann.

Dietrich, K. (1984). Vermitteln Spielreihen Spielfähigkeit? *Sportpädagogik, 8* (1), 19–21.

Digel, H. (1980). Regeln im Sport. In O. Grupe (Hrsg.), *Sport – Theorie in der gymnasialen Oberstufe. Band 1: Sportartübergreifende Beiträge* (S. 305–349). Schorndorf: Hofmann.

Eisele, A. & Hahn, H.-G. (2003). *Handball spielen lernen – aber wie? Die Kinderhandballkonzeption des Handballverbandes Württemberg.* Stuttgart.

Emrich, A. (2007). *Spielend Handball lernen* (5. Aufl.). Wiebelsheim: Limpert.

Feldmann, K. (1996). Defence makes the difference. *Handballtraining, 18* (9+19), 51–63.

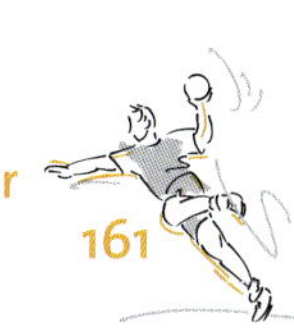

Fisette, J. L. (2006). Spielverständnis lehren durch das „Taktik-Spiel-Modell“ – Beispiel Basketball. *sportunterricht, 55,* 267–272.

Griffin, L., Mitchell, S. & Oslin, J. (1997). *Teaching sport concepts and skills: A tactical games approach.* Champaign IL: Human Kinetics.

Haverkampf, N. & Roth, K. (2006). *Untersuchungen zur Familienähnlichkeitsstruktur der Sportspiele.* Bielefeld/Heidelberg: Universität.

Hoffmann, E. (2009). *Vom Spielen mit dem Ball zum Handballspiel.* Schriftenreihe der IHF. Basel.

Kempfert, G. & Rolff, H.-G. (2005). *Qualität und Evaluation. Ein Leitfaden für pädagogisches Qualitätsmanagement.* Weinheim und Basel: Beltz.

Klein, G. (1978). *Zum Angreiferverhalten im Handball. Beiheft zum Leistungssport.* Berlin.

Kohl, K. (1990). Über die „Zentrierung“ im Sportspiel. Zur Diskussion des Begriffs Spielfähigkeit. In Hagedorn, G. & Andresen, R. (Hrsg.), *Allgemeine und sportspielspezifische Spielfähigkeit* (S. 42–48). Ahrensburg: Czwalina.

König, S. (1997). Zur Vermittlung von Spielfähigkeit in der Schule. *sportunterricht, 46* (11), 476–486.

König, S. (1999). Handball unterrichten – Schul- statt Wettkampfhandball in Klasse 5 und 6. *Lehrhilfen für den sportunterricht, 48,* 97–104.

König, S. (2002). Sportunterrichtsforschung: unverzichtbarer Bestandteil der Sportlehrerausbildung. In G. Friedrich (Hrsg.), *Sportpädagogische Forschung. Konzepte – Ergebnisse – Perspektiven* (S. 274–280). Hamburg: Czwalina.

König, S. (2009). Der Bewegungsstoß im Handball. Laufen statt Stehen macht Handball interessanter. *Sport & Spiel, 9* (4), 33–37.

König, S. (2010). Taktikvermittlung in der Schule. Ein Spielvermittlungskonzept für Neigungsfach bzw. Leistungskurs. *Sportpraxis, 51* (11+12), 6–14.

König, S. & Zentgraf, K. (1999). Handball als Schulsport – Fragen über Fragen. *sportunterricht, 48,* 269–279.

König, S. & Eisele, A. (2002). *Handball unterrichten* (3. Aufl.). Schorndorf: Hofmann.

König, S. & Memmert, D. (2012). Allgemeine und spezielle Spielfähigkeit – pädagogische und didaktische Überlegungen. In S. König, D. Memmert & K. Moosmann (Hrsg.), *Das große Limpert-Buch der Sportspiele.* Wiebelsheim: Limpert.

Kröger, C. & Roth, K. (2006). Ballschule – ein ABC für Spielanfänger. *Lehrhilfen für den sportunterricht, 55* (9), 9–14.

Kröger, C. & Roth, K. (2005). *Ballschule. Ein ABC für Spielanfänger* (3. Aufl.). Schorndorf: Hofmann.

Kurz, D. (1990). *Elemente des Schulsports* (3. Aufl.). Schorndorf: Hofmann.

Lames, M. (1998). Leistungsfähigkeit, Leistung und Erfolg – ein Beitrag zur Theorie der Sportspiele. *Sportwissenschaft, 28,* 137–152.

Memmert, D. & Breihofer, P. (2010). *Doppelstunde Fußball* (2. Aufl.). Schorndorf: Hofmann.

Neumaier, A. (2006). *Koordinatives Anforderungsprofil und Koordinationstraining – Grundlagen, Analyse, Methodik* (3., überarbeitete Auflage). Köln: Sportverlag Strauß.

Roth, K. (2006). Vom ABC für Spielanfänger ... zum gekonnten Werfen mit der Hand. In K. Roth, D. Memmert & R. Schubert (Hrsg.), *Ballschule Wurfspiele* (S. 7–42). Schorndorf: Hofmann.

Roth, K., Kröger, C. & Memmert, D. (2002). *Ballschule Rückschlagspiele.* Schorndorf: Hofmann.

Roth, K., Memmert, D. & Schubert, R. (Hrsg.), *Ballschule Wurfspiele.* Schorndorf: Hofmann.

Saile, H. & Vollmer, B. (2008). *Doppelstunde Volleyball.* Schorndorf: Hofmann.

Schelenz, C. (1949). *Handball. Training und Leistung.* Lübeck: Antäus-Verlag.

Schmidt, W. (2004). *Fußball. Spielen – Erleben – Verstehen* (Schriftenreihe für Bewegung, Spiel und Sport, Band 11). Schorndorf: Hofmann.

Späte, D. (1984). *Gegenstöße mit Konzept.* Münster: Philippka.

Späte, D. (1996). Deutsche Spielauffassung – eine Orientierungshilfe und Zielperspektive. *Handballtraining, 18* (8), 31–35.

Uhlig, J. (2008). Klassifikation der Sportspiele. Empirische Untersuchung zur Familienähnlichkeit der Spiele Fußball, Hockey, Eishockey und Rugby. *Spectrum der Sportwissenschaften, 20* (2), 75–89.

Weichert, W. (1978). *Handball. Texte zur Theorie der Sportarten. Band 1.* Schorndorf: Hofmann.

Wurzel, B. (2008). Was heißt hier „spielgemäß"? Ein Plädoyer für das „Taktik-Spielkonzept" bei der Vermittlung von Sportspielen. *sportunterricht, 57* (11), 340–345.

Zelewski, H. (1994). Der Gegenstoß – „ein Stiefkind" des Grundlagentrainings? *Handballtraining, 16* (7+8), 49–57.

Turnierpläne

4 Mannschaften – Jeder gegen Jeden

Runde 1	Runde 2	Runde 3
A : B	A : C	A : D
C : D	B : D	B : C

4 Mannschaften – Halbfinale und Finale

Runde 1	Runde 2
A : B	Verlierer : Verlierer
C : D	Sieger : Sieger

5 Mannschaften – jeder gegen jeden

Runde 1	Runde 2	Runde 3	Runde 4	Runde 5
A : B	A : C	A : D	A : E	B : C
C : D	B : E	C : E	B : D	D : E
Schiedsrichter E	Schiedsrichter D	Schiedsrichter B	Schiedsrichter C	Schiedsrichter A

5 Mannschaften – A, C und E mit Bändern, B und D ohne Bänder

Runde 1	Runde 2	Runde 3
A : B	A : E	A : D
C : D	C : B	C : E
Schiedsrichter E	Schiedsrichter D	Schiedsrichter B

Auswertung: Sieger aller Mannschaften mit Bändern vs. Siege aller Mannschaften ohne Bänder.

6 Mannschaften – A, C und E mit Bändern, B, D und F ohne Bänder

Runde 1	Runde 2	Runde 3
A : B	E : B	C : B
C : D	A : D	E : D
E : F	C : F	A : F

Organisation: 3 Spielfelder (v. a. bei kleinen Spielen wichtig), es wechseln nur die Teams mit Bändern.

Auswertung: Sieger aller Mannschaften mit Bändern vs. Siege aller Mannschaften ohne Bänder.

Legende

△	Angreifer
○	Verteidiger
⊓	Sperre
●	Ball
⟶	Laufweg
∿∿∿∿→	Dribbling
– – – – →	Passweg
⇒	Wurf
⟶ (1)	Kennzeichnung der zeitlichen Reihenfolge des Geschehens
△ (Markierungshütchen)	Markierungsmale

Glossar

- *Abschlussmöglichkeiten nutzen*: Taktische Aufgabenstellungen, bei denen es darauf ankommt, zum richtigen Zeitpunkt und von einer optimalen Position auf dem Spielfeld Lücken für einen Zielwurf zu nutzen.

- *Abwehrpositionen*: Grundpositionen in der Abwehr, die die Spieler einnehmen. Im Einzelnen werden von links nach rechts folgende Abwehrpositionen unterschieden (vgl. Abb. 63, S. 132):
  - AL = Außen links
  - HL = Halb links
  - VM = Vorne Mitte
  - HM = Hinten Mitte
  - HR = Halb rechts
  - AR = Außen rechts

- *Anbieten und Orientieren*: Taktische Aufgabenstellungen, bei denen es darauf ankommt, zum richtigen Zeitpunkt eine optimale Position auf dem Spielfeld anzunehmen.

- *Angriffspositionen*: Grundpositionen im Angriff, die die Spieler einnehmen. Im Einzelnen werden von links nach rechts folgende Angriffspositionen unterschieden (vgl. Abb. 44, S. 91):
  - LA = Linksaußen
  - RL = Rückraum links
  - RM = Rückraum Mitte
  - KM = Kreisspieler Mitte
  - RR = Rückraum rechts
  - RA = Rechtsaußen

- *Assoziierung*: Grundlegendes Interaktionsmuster im Sportspiel, das beide Mannschaften auf eine gemeinsame Regelgrundlage verpflichtet.

- *Ballbesitz individuell sichern*: Taktische Aufgabenstellungen, bei denen es darauf ankommt, in 1 gegen 1 Situationen, also in der Auseinandersetzung mit einem Gegenspieler, den Ballbesitz zu behaupten und Angriffsaktionen einzuleiten.

- *Ballbesitz kooperativ sichern*: Taktische Aufgabenstellungen, bei denen es darauf ankommt, im Zusammenspiel mit Partnern den Ballbesitz zu behaupten und Angriffsaktionen einzuleiten.

- *Basistaktische Kompetenz (Taktikbaustein)*: Taktische Grundkompetenz für das Lösen von typischen taktischen Aufgabenstellungen in den Sportspielen; sie können aus einer „offensiven" und einer „defensiven" Perspektive formuliert werden. Im Moment geht man von sieben angriffstaktischen taktischen Bausteinen aus:
  - Anbieten & Orientieren
  - Ballbesitz individuell sichern
  - Ballbesitz kooperativ sichern
  - Überzahl individuell herausspielen
  - Überzahl kooperativ herausspielen
  - Lücke erkennen
  - Abschlussmöglichkeit nutzen

- *Bewegungsstoß*: Ballannahme und Ballabgabe in der Vorwärtsbewegung und mit Blick zum Tor (Grundlegendes Verhalten von Angriffsspielern).

- *Dreier-Handball*: Spielform, bei der drei Mannschaften im Wechsel auf zwei Tore gegeneinander spielen. A gegen B auf Tor 1, danach B gegen C auf Tor 2, C gegen A auf Tor 1, usw.

- *Einspringen*: Technisch-taktisches Verhalten im Handball, bei dem der Ball in einem ➔ *Bewegungsstoß* in der Luft angenommen wird und im Sprungstopp auf beiden Beinen gleichzeitig gelandet wird. Dies zählt im Handball nicht als Schritt (vgl. auch ➔ *Null-Kontakt*).

- *Erweiterter Gegenstoß*: Schneller Gegenangriff mit zwei bis sechs Spielern gegen eine noch nicht organisierte und unvollständige Abwehr mit mindestens 2 Zuspielen innerhalb der eigenen Mannschaft.

- *Erste Welle*: ➔ *Gegenstoß*

- *Explizites Lernen (explizite Unterrichtsstrategien)*: Unterrichtsstrategien, bei denen durch Gespräche bzw. gezielte Fragestellungen von Seiten der Lehrkraft den Schülern taktische Kenntnisse vermittelt werden. Dabei handelt es sich um typische W-Fragen.

- *Game appreciation*: Englischer Fachbegriff für Spielverständnis.

- *Gegenstoß*: Schneller Gegenangriff in Handball, der (nach Ballgewinn) durch einen Lang- oder Kurzpass des Torhüters oder eines Abwehrspielers bzw. durch ein sofortiges Dribbling eingeleitet und in der Regel von einem oder zwei Angreifern gegen eine nicht formierte Abwehr ausgeführt wird.

- *Grundspiele*: Spielübungen in Gleich- oder Unterzahl auf ein Tor, wobei in der Regel in einem Spielfeldsektor gespielt wird.

- *Halbspielfeld*: Handballspielfeld, das lediglich ein Spiel auf ein Tor mit einem Wechsel von Angriff und Abwehr zulässt.

- *Implizites Lernen/Unterrichtsstrategien*: Ein Unterrichtsprinzip, das auf den Leitsatz „Spielen lernt man nur durch Spielen lassen“ setzt und hierbei hauptsächlich auf freies Spielen setzt.

- *Italienischer Catenaccio*: Sehr defensives Spielsystem im Fußball, bei dem um das eigene Tor ein „Sperrriegel“ errichtet wird.

- *Konkurrenz*: Grundlegendes Interaktionsmuster im Sportspiel, das verdeutlicht, dass nur eine von zwei Mannschaften das übergeordnete Spielziel erreichen kann und sich deshalb auf vielen untergeordneten Trainingsebenen widerspiegelt.

- *Laufspiel*: Angriffsstrategie, bei der alle Angreifer sich auf koordinierten Laufwegen bewegen.

- *Pick and roll*: Blocken und Abrollen (Basketball).

- *Posting up*: Anbieten eines Angreifers im Basketball auf der Ball-Korb-Linie.

- *Sperren u. Absetzen*: Angriffsmittel in der Zweiergruppe, bei der der Kreisspieler einen Rückraumspieler frei sperrt und sich nach dessen Durchbruch zum Anspiel anbietet.

- *Spielfähigkeit*: Die Fähigkeit, aktiv und erfolgreich an einem Sportspiel als Mit- und Gegenspieler teilzunehmen, indem man spieltypische Situationen und Spielvorgänge im Rahmen der Regeln technisch und spieltaktisch, individuell oder in Kooperation mit anderen bewältigt, sie emotional erlebt und mitgestaltet.

- *Teaching Games for Understanding*: Spielvermittlungsansatz aus den Vereinigten Staaten, der die Vermittlung von Kenntnissen zu einem zentralen Unterrichtsprinzip macht (➔ *explizites Lernen*).

- *Transition Exercises*: Übungsformen, bei denen das Umschalten von Abwehr auf Angriff (und umgekehrt) im Mittelpunkt steht.

- *Transition Games*: Spielformen, bei denen das Umschalten von Abwehr auf Angriff (und umgekehrt) im Mittelpunkt steht.

- *Übergang*: Wechsel von einer 3:3- zu einer 2:4-Angriffsformation durch Einlaufen eines Rückraum- oder Außenspielers an den Kreis.

- *Überschlagspiel*: ➔ *Transition Game.*

- *Überzahl individuell herausspielen*: Taktische Aufgabenstellungen, bei denen es darauf ankommt, sich durch ein Umgehen der Gegnerbehinderung einen Vorteil zu schaffen.

- *Überzahl kollektiv herausspielen*: Taktische Aufgabenstellungen, bei denen es darauf ankommt, sich im Zusammenspiel mit Partnern einen Vorteil zu verschaffen.

- *Zwei-Linien-Verteidigung*: Raumverteidigung, bei der die Abwehrspieler auf zwei räumlich getrennten Linien stehen.

- *Zweite Welle*: ➔ *erweiterter Gegenstoß.*

Videoverzeichnis

BUCHREIHE BALLSCHULE

▶ Spiralbindung

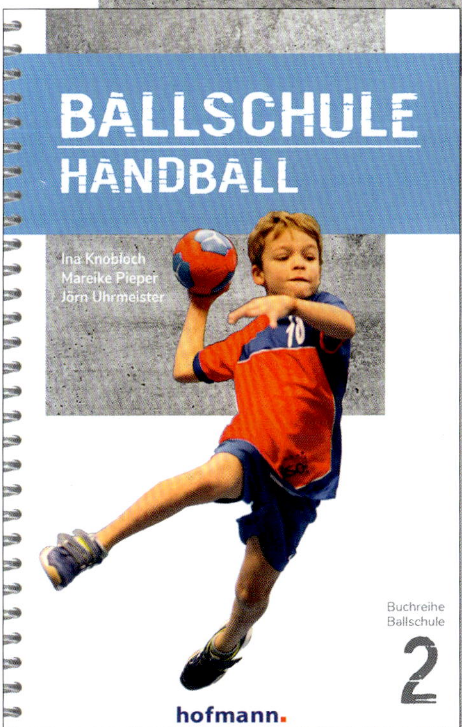

2020. 15 x 24 cm, 144 Seiten
ISBN 978-3-7780-8020-7
Bestell-Nr. 8020 **€ 19.90**

Ina Knobloch
Mareike Pieper
Jörn Uhrmeister

Die Ballschule Handball basiert auf einer sportspielübergreifenden Ausbildung mit zunehmender Orientierung am Anforderungsprofil der Sportart Handball. Die Kinder im Alter von ca. 9–12 Jahren lernen die Grundstruktur des Handballspiels kennen und erwerben koordinativ-konditionelle, technische und taktische Basiskompetenzen, die ein erfolgreiches Agieren in allen Spielphasen des Kinderhandballs ermöglichen. Vielseitigkeit, Handlungsschnelligkeit und Spaß am Spiel sowie das Erlernen erster Grundtechniken stehen im Vordergrund.

hofmann. VERLAG
Steinwasenstraße 6–8 • 73614 Schorndorf · www.hofmann-verlag.de
Telefon (07181) 402-0 • Fax (07181) 402-111 · hofmann@svk.de